KB119898

인생 문장

나를 흔든 한 줄의 고전

인생 문장

일이일북스

지은이의 말

:

향기 나는 세상을 꿈꿉니다

지난가을 뜻밖의 선물을 받았습니다. 그중 석고방향제도 있었는데, 책상 모서리에 걸어두니 흔들릴 때마다 은은하고 맑은 향이 코에 감겼습니다. 문득 지인들에게 방향제를 선물해야겠다는 생각에 재료상엘 갔습니다. 간단할 거라 생각했는데, 의외로 준비해야 할 것이 많았습니다. 재료가 담긴 커다란 박스를 보면서 괜한 일을 벌인다고 후회했지만 집에 오자마자 방향제를 만들기 시작했습니다.

석고를 개고 향료를 넣어 틀에 붓고 마르기를 기다리는 과정은 단순했지만, 전체적으로는 단순하지 않았습니다. 게다가 방향제한 개를 걸어두었을 때는 은은한 향이 신선하고 좋았는데, 석고에 향을 넣는 순간 진한 향기는 온 집안을 취하게 했습니다. 석고가 굳기를 기다려 장식을 붙이고 색을 칠한 후 하나하나 포장하여 지인들에게 보냈습니다. 집안에 가득했던 향은 점차 옅어지고, 지인들이 보내준 인증 사진 속에 향기가 담겨 있었습니다.

흔히 "생선을 싼 종이에서는 비린내가 나고, 향을 싼 종이에서는 향기가 난다."고 말합니다. 사람도 그렇습니다. 말씨와 행동, 마음씀씀이와 삶의 깊이, 품은 뜻에 따라 풍기는 향기는 달라지죠. 향기 나는 사람을 만나면 그 따뜻함과 향기로움에 저도 맑아지는 듯해 행복해집니다.

『서경』「주서」 '군진'편에는 "지극한 다스림은 향기로워 신명도 감동시킨다."라는 뜻의 '지치형향至治馨香 감우신명感于神明'이라는 문장이 있습니다. 지극한 다스림이란 모든 존재가 제 역할 하는 세상일 것입니다. 서로를 성장시키는 배려의 세상이며, 공정하게 평가받고 인정받는 세상이며, 꿈이 이루어지는 세상이며, 하고자 하는 것을 행할 수 있는 세상입니다. 당연히 하늘도 감동하지요. 많은 사람들이 그러한 세상을 꿈꿉니다. 그 향기는 사람을 모으고, 마음을 모으며, 감동을 모아 세상을 따뜻하게 만들지요.

2020년 들어서 세계는 바이러스의 습격에 얼어붙었습니다. 남의 나라 이야기가 우리의 것이 되었을 때 사람들의 반응은 참으로 다양했지요. 만남은 조심스러워졌고, 관계에는 거리가 생겼으며, 일상은 일정 부분 멎었습니다. 전문가들은 예전의 생활로 돌아가기 어려울 것이란 예측을 쏟아내며 이후를 준비해야 한다고 말합니다. 이런 중에도 세상에는 향기를 전하는 사람들이 있었습니다. 의료의 최전선에서 땀으로 범벅이 된 방호복 속 의료진이 있었고, 방역에 최선을 다하는 사람들이 있었으며, 도시락을 나누고 자신의 마스크를 나눈 사람들이 있었습니다. 그동안 바빠서 돌아보지 못했던 자신을 돌아보는 사람도, 거리 두기 속에서 소외된 이웃을 돌보는 사람도 있었지요.

또 코로나19는 그동안 자신의 성공만을 추구하며 공부에 매진하던 학생들에게도 자신을 돌아보게 하는 계기가 되었습니다. 실시간 프로그램 시스템을 통해 마주한 학생들은 어떻게 살아야 할 것인가, 무엇을 할 것인가, 어떤 존재가 되어야 할 것인가를 고민했습니다. 갑자기 들이닥친 고난에 지혜롭게 대처하는 사람들을 보면서, 나누는 사람들에 감동하면서, 학생들과 고전을 읽고 생각을 나누면서, 고난 속에서 더욱 깊어지는 사람의 향기를 보았습니다. 넓고 깊게 익어가는 사람의 향기는 시간 속에서, 생각 속에서, 실천 속에서 더욱 향기로워집니다. 그 한편에 고전이 있었습니다.

수많은 세월, 사람과 삶 속에서 발효되어 어디에 넣어도 맛을 내는 고전 속 문장으로 글을 엮었습니다. 시간만큼이나 깊은 맛을 전하는 고전은 선물이고, 삶의 힘입니다. 세상의 변화 속에서도 묵직한 손을 내밀어주는 고전의 손을 잡을 수 있다는 것, 날마다 그 향기에 취할 수 있다는 것, 제게는 행운입니다. 이 행운을 함께하고 싶습니다. 책을 낼 수 있도록 기회를 주신 원앤원북스에 감사드립니다.

권경자

목차

지은이의 말 | 향기 나는 세상을 꿈꿉니다 15

1부 | 받아들임

천하의 마음을 얻고 싶나요? 15 | 느티나무가 가르쳐준 비밀 18 | 너를 알 수 있다면 21 | 사랑에 대한 예의 24 | 넉넉함이 아름다움 되어 27 | 응팔의 다섯 아이 30 | 남을 재는 잣대로 자신을 잰다면 33 | 함께하고 싶지 않아요 36 | 하나 되고 한마음 되어 39 | 기쁨을 함께하면 42

2부 | 더 나은 관계

작은 행동, 큰 기적 49 | 다 내 탓이다 52 | 사람을 얻었느냐? 55 | 세종에게서 듣다 58 | 얼마나 지녀야 베풀 수 있을까요? 61 | 호구 없는 세상 64 | 그대는 어떤 사람인가요? 67 | 햇볕이 아무리 따뜻해도 70 | 존중을 잃은 사회 73 | 잘못을 바로잡는 것이 사랑입니다 76 | 재주가 있더라도 덕이 없으면 79 | 우리는 모두 다르죠 82

3부 | 말

SNS 시대의 사랑과 범죄 89 | 정의를 위해서 92 | 말의 무게를 아세요? 95 | 말의 흠은 지울 수 없어요 98 | 행동으로 보여주세요 101 | 어떻게 사랑이 변하니? 104 | 명성에 걸맞은 옷 107 | 꿈꾸는 세상을 위해 110 | 사람만이 바뀔 수 있습니다 113 | 의무와 당연함의 차이 116

4부 | 내면

최고의 교육 123 | 가르침을 알려드립니다 126 | 마음이 합니다 129 | 마음의 근육 기르기 132 | 악마의 눈을 이길 때 135 | 성실은 자신이 주는 선물입니다 138 | 우주를 돌아서 만난 자신 141 | 부끄러움을 가르쳐 드립니다 144 | 퍼즐 한 조각 147 | 희망의 섬 '그래도' 150 | 변해야 오래갈 수 있다 153 | '다운 사람'을 찾습니다 156

5부 | 태도

나를 몰아붙이는 힘 163 | 운이 좋다고요? 166 | 즐기는 것의 즐거움 169 | 달인들의 향기 172 | 미리 금 긋지 마라 175 | 복을 받고 싶나요? 178 | 진정한 부자 181 | 익숙해지지 않기를 184 | '때문에'가 아닌 '덕분에' 187 | 같은 것 같은데 아닌 것 190 | 초시대를 살아가는 힘 193 | 불위와 불능 196 | 해봐야 할 수 있다 199 | 현명함을 가르칩니다 202

6부 | 나아감

뉴트로 시대 209 | 문제는 경제야, 이 바보야! 212 | 누구나 아는 비밀 215 | 의심은 힘이 세다 218 | 신도 움직이는 차별화된 실력 221 | 당신은 결정장애인가요? 224 | 죽음 앞에서 227 | 로또 1등! 100% 230 | 대장부가 되어서 233 | 행복을 얻는 쉬운 방법 236 | 그대의 꿈은 무엇인가요? 239 | 선한 영향력이 되어 242 | 얼마나 많이 가지고 있나요? 245

7부 | 리더십

경영의 신이 되고 싶나요? 251 | 세상을 바꾸는 기적 254 | 일에는 들여야 할 시간과 노력이 있다 257 | 23전 23승의 비밀 260 | 마음을 여는 열쇠 263 | 작은 거인, 호세 알투베 266 | 영원한 젊은이, 마윈 269 | 진정한 갑이 되고 싶다면 272 | 빌 게이츠가 사는 법 275 | 사다리 놓기 278 | 갈등을 창조로 바꾸는 비밀 281 | 시간과 진정성을 담은 음식 284

8부 | 다스림

상이 주는 기쁨 291 | 미래와 아이들을 위한다면 294 | 같이 배운다 해도 297 | 다중지능이 뭔가요? 300 | 스스로 하는 공부의 힘 303 | 자신의 꽃길을 만들 때 306 | 내 나이가 어때서 309 | 미안하다는 말 대신 312 | 화목만 한 축복이 있을까요? 315 | 사랑한다면 바르게 318 | 만 번의 발차기 321 | 주인으로 살아가는 길 324

1부

받아들임

천하의 마음을 얻고 싶나요?

천하가 다 복종하다

天下咸服 천하함복

BTS[방탄소년단]의 인기가 세계를 흔들고 있습니다. 몇몇 한국의 아이돌 그룹이 아시아에서 한류 바람을 일으켰지만, BTS는 더 나아가 세계 전역에서 K-Pop의 역사를 새로 쓰고 있습니다. 그들은 뛰어난 가창력과 댄스 실력, 청년기의 고뇌를 담은 철학적 가사와 그에 걸맞은 퍼포먼스, 거기에 더해 선한 영향력으로 감동의 서사까지 쓰면서 영역을 더욱 확장하고 있죠. 청소년에게 미치는 영향력이 큰 만큼 그들의 일거수일투족은 늘 관심의 대상이 되고 있습니다.

이처럼 연예인들은 노래와 연기, 공연과 감동으로 사람의 마음을 얻을 수 있지만, 공적 영역인 정치는 어떨까요? 정치인은 연예인과 다릅니다. 무엇보다도 모두의 마음을 헤아리는 자질을 가져야 하죠. 나와 다른 생각을 가진 사람의 말에도 귀 기울이고 포용할 수 있으며 배려하고 존중해 그들의 마음까지 얻도록 해야 합니다. 그게 쉽지 않기에 자신을 닦는 수신修身을 놓지 않아야 하죠. "먼저 자신을 바르게 한다면 명령하지 않아도 행해질 것"[*]이라는 공자의 말은 늘 수신해야 함을 강조하는 것입니다.

사람들은 참으로 다양해서 아무리 잘해도 흠을 잡곤 하죠. 이 때문에 자신을 바르게 하는 수신이 우선시되어야 합니다. 그것이 엇나가고 옳지 못하며 삐딱한 사람을 설득할 수 있는 무기죠. 또 잘못되거나 남을 괴롭히거나 자신의 사욕만 채우고 나라에 손해를 끼치는 사람들에게서 국민을 지킬 수 있는 길입니다.

요임금의 뒤를 이어 천자가 된 순임금은 수신의 사람이었습니다. 천자가 된 순은 백성들을 보호하기 위해 형벌을 신중하게 제정한 뒤 나라와 백성에게 해를 끼치는 사람들을 처벌하죠. 공공共工은 유주에 귀양 보내고, 환두驩兜는 숭산으로 추방했으며, 삼묘三苗는 삼위로 몰아내고, 곤鯀은 우산에 가두어 격리한 것이 그것입니다. 이들을 처벌하자 천하가 모두 복종하게 되는데, 그 후 사방

* 『논어』「자로」

** 『서경』「우서」 '순전'

의 문을 열고 백성과 소통합니다.**

순임금이 모두의 마음을 얻을 수 있었던 것은 그들의 열망에 응답했기 때문입니다. 백성의 말에 귀 기울이겠다는 약속, 모든 악으로부터 보호하겠다는 약속, 안정된 세상을 만들겠다는 약속, 조화로운 세상을 이루겠다는 약속, 백성과 하나 되겠다는 약속, 이 모든 약속을 지키는데 어느 누가 따르지 않을까요?

이제는 기업가와 정치인뿐만 아니라 연예인까지도 천하의 마음을 얻고자 노력합니다. 그렇다면 순임금을 보세요. 그의 행보에 답이 있습니다.

느티나무가 가르쳐준 비밀

덕은 결코 외롭지 않으니, 반드시 이웃이 있다

德不孤 必有隣 덕불고 필유린

20여 년 전 여름에 갔던 북경北京은 몹시 더웠습니다. 하늘도 태울 것 같은 열기에 살이 델 것처럼 뜨거웠지요. 그런데 신기하게도 그늘에만 들어가면 시원해졌어요. 그때 시골 마을 어귀에 서 있는 느티나무가 떠올랐습니다.

내리쬐는 햇볕 아래서 일해야 하는 농촌의 여름은 상상 이상으로 뜨겁지요. 그 더위 속에서 김을 매고 일을 할라치면 온몸은 땀범벅이 됩니다. 그 순간 느티나무 아래에 들어가면, 켜켜이 무성한 나뭇잎과 넓고 긴 가지가 만든 그늘이 열기를 막아주고 스치는 바람은 더위를 식혀주죠. 거기에 막걸리 한 사발과 물 한 그릇이 주는 시원함은 말로 표현할 수가 없습니다.

수령이 몇백 년 된 느티나무는 마을을 지키는 수호목守護木이나 마을 사람들이 그늘 밑에서 모여 쉴 수 있는 정자나무로 여기기도 합니다. 또 집 안에 있는 느티나무는 부귀영화를 상징하죠. 그런가 하면 쓰임새 역시 많습니다. 몇 아름의 굵은 줄기는 집을 짓는 건축 자재로 쓰이고, 무늬가 아름다워 가구 등 생활에 필요한 물건으로도 만들어지며, 추운 겨울밤을 덥혀주는 장작이 되기도 하지요. 이처럼 느티나무는 살아서도 죽어서도 많은 도움을 주기에 나무의 황제로 불리기도 하며, 나무의 덕德을 말할 때 예로 들기도 합니다.

우리 주변에도 느티나무 같은 사람이 있습니다. 뜨거운 사막을 맨발로 걷는 것처럼 힘들거나 목이 타올라 견딜 수 없을 때, 그 퍽퍽하고 헛헛한 삶을 품어주고 쉴 수 있도록 해주는 사람, 곁에만 있어도 위로가 되는 사람이지요. 이런 사람은 누군가를 자신과 다르다고 버리거나 외면하지 않고, 부족하다고 하찮게 여기지 않습니다. 그가 지닌 덕은 조화로워서 다름을 인정하고 서로의 거리마저 용인하며 품어주죠. 그의 덕 덕분에 사람들은 그에게서 위로받고 그를 편하게 여겨, 절로 모여듭니다. 이것이 덕을 지닌 사람을 많은 사람들이 함께하고 따르는 이유죠. 공자 역시 덕의 힘을 말합니다.

덕은 결코 외롭지 않으니, 반드시 이웃이 있다.*

살다 보면 다른 생각이나 주장이 충돌해 갈등과 오해가 생겨나지만, 덕은 그것까지 포용합니다. 그로 인해 생각은 확장되고 이해하는 폭도 커져 다양한 생각과 행동을 받아들일 수 있게 되지요. 이것이 덕의 멋과 맛입니다. 느티나무가 오랜 세월 사랑받을 수 있었던 것도 이 때문이 아닐까요?

* 『논어』「이인」

너를 알 수 있다면

마음을 아는 사람은 몇이나 될까?

知心能幾人 지심능기인

SNS 속 사람들은 참으로 친절합니다. 작은 일에도 공감하고 감동하며 칭찬해주고 위로해주는 등 따뜻함이 넘치지요. 그런데 막상 현실로 돌아오면 그런 사람을 만나는 것이 쉽지 않습니다. 도대체 SNS 속에 둥지를 튼 사람들을 현실에서 보기 힘든 이유는 무엇일까요?

가상 세계인 SNS는 내가 보고 싶고 너에게 보이고 싶은 것만 보는 곳입니다. 누추한 내가 아닌 잘 가꾼 나, 멋지고 너그러운 '나 그리고 너'가 그곳에 있지요. 가상의 '나와 너'가 거처하는 곳에서 위로받는 우리들이 있습니다. 과연 '나와 너'는 서로를 얼마나 알까요?

1994년이 배경인 영화 〈벌새〉에는 중학생인 은희가 나옵니다. 그녀는 학교와 가정에서 수시로 일어나는 폭력을 무심히 견디며 상처를 껴안은 채 성장의 한가운데를 지나고 있었지요. 부모님의 무관심, 오빠가 행사하는 폭력, 대학만을 강조하며 행하는 선생님의 언어폭력을 당연하게 여기는 은희. 하지만 한문학원에서 만난 영지 선생님은 달랐습니다. 처음 만났을 때 선생님은 칠판에 '상식만천하相識滿天下 지심능기인知心能幾人'*이라는 문장을 적으면서 묻지요.

> 서로 얼굴을 아는 사람은 천하에 가득하지만, 마음을 아는 사람은 몇이나 될까?

항상 붙어 다니던 친구도, 자신을 따르던 후배도, 무심한 가족도 은희가 얼마나 힘들어하는지 몰랐고 알려고 하지 않았지요. 그러면서도 안다고 여겼기에 은희의 상처는 깊어졌습니다. 계속 덧났지만 겉은 멀쩡해서 더 이상 버틸 수 없음을 아무도 몰랐지요. 결국 무너져버린 성수대교도 그랬습니다.

영지 선생님이 써놓은 이 문장은 우리, 그리고 우리 사회에 던

* 『명심보감』「교우」

진 질문이기도 하죠. 얼굴을 안다고, 따뜻한 글을 쓴다고, 댓글로 위로한다고 과연 마음까지 알 수 있을까요? 어느 순간 신기루처럼 사라지는 글과 사진과 프로필…. 함께했던 시간과 마음, 쌓아 올린 정이 흔적도 없이 사라지면 지금까지 나눴던 것이 무엇이었나 싶기도 합니다. 과연 우리가 알기나 했던 것일까? 마음과 생각을 나눴던 것일까? 실재했던 것일까….

마음을 알아야 제대로 아는 것이라고 이야기해준 선생님은 짧은 시간 동안 은희의 힘이 되어 세상을 바라보는 눈을 갖게 해줍니다. 붕괴된 성수대교와 함께 선생님은 떠났지만, 은희가 세상에 단단히 뿌리내릴 수 있었던 것은 선생님이 준 마음이 있었기 때문이지요. 마음이 통할 때 세상을 살아갈 힘을 얻습니다. 가상세계든 현실이든 마음까지 나눌 수 있다면 얼마나 좋을까요? 외롭더라도 혼자일지라도 힘이 될 것입니다.

사랑에 대한 예의

반드시 소송하는 일이 없도록 할 것이다

必也使無訟乎 필야사무송호

매스컴을 장식하며 사람들의 눈과 귀를 모으는 결혼이 있습니다. 주인공들의 연애는 인터넷을 장식하고 사람들의 관심을 모으며 모든 행보는 화제가 됩니다. 이 때문에 더 잘 살아야 하는데, 그렇지 못한 경우도 있지요.

사랑했다면 헤어질 때도 서로를 축복하면 좋은데 현실은 그렇지 않습니다. 예전에 배우 부부였던 최무룡 씨와 김지미 씨가 이혼하며 했던 "사랑하기 때문에 헤어진다."라는 멋진 말이 화제가 되었지만, 대부분 떠들썩한 결혼의 주인공들은 헤어짐만으로 수많은 사람들의 입에 오르내리게 되지요. 거기에 더해 서로의 잘잘못을 따지고 들추며 비난과 원망을 하기도 합니다. 결혼까지의 전 과정이 천하에 공개되었던 그들의 이런 모습은 참으로 씁쓸한데, 소송까지 가기도 하지요.

백과사전에서는 소송을 "재판에 의해서 사인 간 또는 국가와 사인 간의 분쟁을 법률적으로 해결·조정하기 위해 대립하는 당사자를 관여시켜 심판하는 절차."[*]라고 합니다. 그들의 만남과 열렬했던 사랑을 알고 있기에 사랑했던 만큼 헤어짐도 아름다웠으면 좋겠는데, 그렇지 못하고 법정까지 가는 모습이 참 안타깝습니다.

한데 요즘은 법정까지 가는 이혼이 많아졌다고 하네요. 부부간에 사랑과 존중이 사라지면 말 한마디, 스치는 손길도 상처가 되고 그것은 마음 깊은 곳에 분노를 심게 되죠. 이것이 쌓이면 걷잡을 수 없이 커져서 사랑했던 기억은 사라지고 아픔과 미움, 분노만 남아 상처받은 만큼 돌려주려 합니다. 공자는 말합니다.

> 소송을 처리함은 나도 남과 다르지 않지만, 나는 반드시 사람들이 소송하는 일이 없도록 할 것이다.[**]

사랑했던 마음은 사라지고 미움으로 가득한 것도 아픈데, 소송

* 두산백과 두피디아(www.doopedia.co.kr)

** 『논어』「안연」

으로 다투게 된다면 얼마나 더 아플까요? 서로를 향한 분노와 미움을 잠시만 멈추고 서운하고 속상했던 속내를 드러내 마음을 어루만지고 오해도 푼다면, 그들을 이어준 첫 마음과 서로의 사랑을 기억하지 않을까요? 그 마음으로 서로를 헤아린다면 굳이 소송까지 갈 필요가 없겠죠. 공자는 그 마음을 되돌리려 했지요. 말이 통했기에 사랑했던 것처럼 마지막도 말로 해결하는 것, 사랑했던 사람에 대한 예의일 뿐 아니라 사랑에 대한 예의일 것입니다.

넉넉함이 아름다움 되어

:

아름답고 성대해 귀에 가득 차구나

洋洋乎盈耳哉 양양호영이재

650년이 넘는 목조 건축물, 의상대사가 화엄華嚴의 가르침을 펼치던 곳. 화華라는 글자체에 따라 건물이 배치된 이곳은 바로 영주榮州에 있는 부석사浮石寺입니다. 부석은 '뜬 돌'이란 뜻인데, 여기엔 의상대사의 러브 스토리가 담겨 있지요. 의상이 당나라에서 공부할 때 그를 흠모한 선묘라는 여인이 있었습니다. 그녀는 의상을 사모한 나머지 의상이 고국으로 돌아올 때 용으로 변해 귀국길을 호위했지요. 그렇게 돌아온 의상은 봉황산에 절을 지으려 했는데 그곳에 살던 도둑들이 방해를 했습니다. 그때 선묘가 바위로 변해 하늘에 뜨자 도적떼들은 놀라서 달아났고, 돌은 천천히 무량수전無量壽殿 뒤에 내려앉았습니다. 부석은 여기서 유래되었다고 하네요.

부석사에서 가장 유명한 것은 무량수전의 배흘림기둥이죠. 배흘림기둥은 중간의 배 부분을 밖으로 흘리는 모양으로 만들어, 기둥 가운데만 도톰합니다. 곧은 직선으로 만든 기둥의 경우 멀리서 보면 오목렌즈처럼 안으로 휘는 착시현상이 일어나고 불안감을 조성하는데, 중년의 완만한 배를 닮은 배흘림기둥은 멀리서 볼 때 반듯해 보인다고 하네요. 그 배흘림 기법은 그리스의 파르테논Parthenon 신전에도 적용되었는데, 엔타시스entasis 양식이라고 불립니다.

배흘림기둥이 화제가 되었던 것은 미술사학자였던 혜곡兮谷 최순우 선생이 쓴『무량수전 배흘림기둥에 기대서서』라는 책 때문이었습니다. 혜곡은 가까이서는 넉넉함을, 멀리서는 바르고 단아해 보이는 배흘림기둥의 의젓함과 너그러움, 아름다움과 넉넉함의 조화를 잊지 못할 그리움과 사무치는 고마움으로 표현했지요.

배흘림기둥이 풍상 속에서 수백 년을 견뎌 세월의 두께를 뛰어넘고 지금도 찬사를 받는 것처럼, 누구나 시간이 지나도 잊지 못하는 음악이 있지요. 공자에게도 그런 음악이 있었는데, 바로 〈관저關雎〉*입니다. 공자가 주유천하를 마치고 노나라에 돌아왔을 때, 당시 태사太師로 임명된 지摯가 〈관저〉를 연주했는데, 얼마나 훌륭하던지 공자는 그 연주를 잊지 못했습니다. 특히 마지막 장에 대해 다음과 같이 찬탄합니다.

아름답고 성대해 귀에 가득 차구나!**

끝없이 넘실대는 강물처럼 꽉 찬 연주의 넉넉함을 어떻게 잊을 수 있을까요? 배흘림기둥과 지의 연주가 감동을 주는 것은 넉넉함 때문입니다. 빡빡한 일상을 살다 보면 넉넉함이 주는 여유가 사무치게 그리울 때가 있죠. 그럴 때 떠올리는 배흘림기둥! 해질녘 그 넉넉함과 마주한다면 풍경소리, 바람소리도 음악이 되어 귀에 넘실거리지 않을까요? 혜곡처럼, 공자처럼 그 아름다움에 취하고 싶습니다.

---

* 『시경』「국풍」'주남'

** 『논어』「태백」

응팔의
다섯 아이

벗이란 그 덕을 벗하는 것이다

友也者 友其德也 우야자 우기덕야

'응팔'로 불리는 드라마 〈응답하라 1988〉. 2015년 방영 당시 폭발적인 인기를 누렸던 드라마지요. 서울올림픽이 열렸던 1988년 쌍문동 골목에서 살았던 5명의 아이들 이야기입니다. 모두 누가 덕선이의 남편인지에 관심을 가졌지만, 저는 아이들의 관계에 주목했습니다. 공부를 잘하건 못하건, 가정형편이 좋건 나쁘건 친구가 될 수 있었던 모습이 따뜻하고 좋았지요. 요즘 같으면 그들이 친구가 될 수 있었을까요?

2016년에 상영했던 윤가은 감독의 〈우리들〉에는 초등학생들이 형편과 성적에 따라 서로를 구별하고 가르며, 흉보고 헐뜯고 무시하고 친구로 여기지 않는 현실을 보여주었습니다. 매우 가슴이 아팠습니다. 같은 수준, 같은 삶, 같은 성적이 친구의 기준이 된다면 그 조건을 벗어날 경우 관계는 깨지고 말죠. 비슷한 사람들끼리만 어울린다면 사회의 분열과 갈등은 더 심해질 것입니다.

맹자는 제자인 만장萬章이 벗에 대해 묻자 이렇게 대답합니다.

> 나이를 내세우지 않고, 귀함을 내세우지 않으며, 형제를 내세워 자랑하지 않고 벗하는 것이다. 벗이란 그 덕德을 벗하는 것이니, 내세우는 것이 있어서는 안 된다.*

친구란 나이, 집안, 잘난 형제 등 자랑할 만한 것을 드러내지 않고, 있는 모습 그대로를 받아들이고 존중해야 한다는 것이죠. 만일 남보다 우위에 있는 것을 드러내 친구를 사귄다면 두 사람 사이에는 바로 계산이 들어갑니다. 순수하게 친구가 될 수 없겠죠. '무엇 때문에'라는 조건에 의해서 친구가 된다면 그 조건이 사라질 때 관계도 끝나게 됩니다.

오륜五倫에서는 "친구 사이에는 믿음이 있어야 한다."라고 하죠. 믿음이란 마음과 마음을 이어주는 끈으로, 상대방을 나처럼 여기는 덕을 바탕으로 형성됩니다. 우리는 태어날 때부터 덕을 가지고

* 『맹자』「만장 하」

있지만, 덕을 지닌 정도는 사람마다 다릅니다. 덕이 있는 사람은 상대방을 예의와 배려, 존중으로 대하기에 무엇보다 마음을 중시하지만, 덕이 쪼그라진 사람은 마음을 볼 줄 몰라 조건을 계산하고 따지며 벗을 사귀고 이용하기도 합니다.

맹자가 친구의 사귐에 덕을 강조한 것은 덕이야말로 진정한 친구가 될 수 있는 큰 힘이기 때문이지요. '응팔'에서는 아직 어린 5명의 친구들이 오직 덕으로 친구가 된 모습을 보여줍니다. 이 때문에 많은 사람들이 응팔에 열광하지 않았을까요? 지금도 가끔 쌍문동의 다섯 아이들이 그립습니다.

남을 재는 잣대로 자신을 잰다면

자기 밭은 버려두고 남의 밭을 가꾸다

舍其田而芸人之田 사기전이운인지전

쓰레기 종량제 시행 이후 쓰레기 무단투기를 우려해 거리에서 쓰레기통이 사라졌습니다. 이 때문에 갈 곳을 잃은 컵과 쓰레기는 으슥한 곳뿐 아니라 버스정류장 의자에까지 버려지곤 하죠. 채 비워지지 못한 채로 주인 잃은 컵은 어느 순간 떨어져 바닥을 지저분하게 합니다.

그런데 쓰레기를 버린 사람들도 다른 사람의 이러한 행동을 비난합니다. 자신의 행동은 어쩔 수 없지만 남들은 의식과 생각이 없는 데다, 치울 수 있음에도 하지 않은 것이라고 분노하죠. 이처럼 다른 사람의 잘못된 행동은 단번에 눈에 들어오고 옳고 그름이 바로 판단됩니다. 누군가의 한마디에, 행동에, 기사 한 줄에 분노하고 욕도 하며 정의를 들먹이는 것도 이 때문이지요.

지인 중에 참으로 정의로운 사람이 있었습니다. 반듯하고 날카로운 모습이 다른 사람으로 하여금 더욱 그를 바른 사람이라 여기게 했지요. 그가 사회의 문제점을 지적하면 고개를 끄덕일 수밖에 없을 만큼 말도 잘했습니다. 그러다 보니 그의 분노와 비난은 항상 동의를 얻었죠.

한데 그와 가까워지면서 낯설게 느껴질 때가 있었는데, 자신이 분노하던 일을 아무렇지 않게 하는 것이었지요. 환경에 대해 열변을 토하며 절약을 강조하던 그가 수돗물을 계속 틀어놓고 양치질을 하는가 하면, 책상에 물을 쏟자 익숙한 듯 휴지를 두텁게 말아 닦는 모습도 평소 그의 말과 달랐지요. 이뿐 아닙니다. 식사하러 가면 늘 다른 사람들이 돈을 냈고, 이익과 관계된 일에는 자기 것을 먼저 챙겼지요. 지금까지 보여준 이미지와 현실의 그가 많이 달라 당황했지만, 그는 늘 당당했고 변명도 잘했으며 옳고 정의로웠습니다.

그는 남의 눈에 든 티끌은 보면서 자신의 눈에 든 들보는 보지 못하는 사람이었습니다. 요즘 유행하는 말인 '내로남불'이죠. 그가 남에게 들이대는 잣대로 자신을 볼 수 있다면 얼마나 부끄러울까요? 그런데 문제는 그런 사람일수록 자신이 옳다는 굳은 신념 때문에 스스로를 보려 하지 않는다는 데 있죠. 맹자는 이런 사람에게 말합니다.

> 사람의 병은 자기 밭을 버려두고 남의 밭을 가꾸는 것이니, 남의 잘못을 파헤치는 것은 중요하고 스스로 해야 할 일은 가볍게 본다.*

이미 다른 사람들은 그가 어떤 사람인지를 압니다. 이 때문에 신뢰하지 않죠. 냉철하게 남을 재는 잣대로 자신을 재고 스스로를 바르게 할 때 한마디의 말에도 힘이 생깁니다. 자신을 먼저 재는 것, 사람다움과 신뢰의 시작이 아닐는지요.

* 『맹자』「진심 하」

함께하고 싶지 않아요

나는 어째야 할지 모르겠다

吾不知之矣 오부지지의

요즘 대학생들은 조별발표가 없는 수업을 선호한다고 합니다. 카카오톡으로 대충 의견을 내고는 조장에게 떠넘기거나, 자신의 분량만 보내고 온갖 핑계로 참여하지 않거나 묵묵부답으로 잠수를 타면서 점수만 받으려 하는 학생들 때문이라네요. 이 때문에 조별발표는 공산주의가 망한 예를 보여준다고 말하기도 하지요.

직장에서도 사람과의 관계가 힘들다는 사람들이 많습니다. 이는 직장을 떠나는 요인이 되기도 하는데요. 사사건건 트집 잡고 고집부리거나, 말로는 만리장성을 쌓는데 정작 행동하지 않거나, 변덕이 죽 끓듯 해 언제 어떻게 변할지 알 수 없다거나 당사자가 없을 때 뒷말을 하거나, 일 끝난 후에 숟가락만 얹으려는 사람들 때문이라고 하네요.

공자는 사람을 네 종류로 나눕니다. 태어나면서부터 아는 생이지지生而知之, 배움을 통해 앎에 이르는 학이지지學而知之, 힘들고 곤란한 일을 겪은 후 앎에 이르는 곤이지지困而知之, 곤경에 처해서도 배우려 하지 않는 곤이불학困而不學*이 그들이죠. 공자는 생지, 학지, 곤지는 과정이야 어떻든 앎에 이르렀다는 점에서 같다고 봅니다. 하지만 마지막 사람, 힘들고 곤란한 상황에서도 고집에 가려 배우려 들지 않는 사람은 최악이라고 말하죠. 학교나 직장에서 남을 힘들게 하는 이들이 설마 이 정도는 아니겠죠. 하지만 다음에 해당하지 않을까요?

> 뜻은 큰데 욕심만 많을 뿐 곧지 않고, 무지하고 어리석은 데다 고집 세고 편법과 핑계에 능하며, 무능한 데다 신실함마저 없으니, 나는 어째야 할지 모르겠다.**

뜻은 큰데 정직하지 않다면 사기꾼이 되기 쉽고, 무지한 데다 불성실하고 고집만 세면 주변이 고달프고 힘들며, 무능한 데다 믿

* 『논어』「계씨」

** 『논어』「태백」

음마저 없으면 아무짝에도 쓸모없지요. 이런 사람들과 함께하고 싶은 자가 있을까요? 공자도 이런 사람은 어째야 할지 모르겠다고 말합니다.

사람이 위대한 이유는 배움을 통해 현재의 자신을 바꾸고 발전시켜 미래로 나아가는 데 있습니다. 또 남과 협력해 나를 넘어 우리가 되는 데 있지요. 이는 자신의 일에 성실하고 타인을 존중하며 협동할 때 가능합니다. 이로써 앎은 넓어지고 삶은 깊어져, 나에게서 너에게로 영역은 확장됩니다. 자신의 이익만 챙기고 자신만 안다면 누가 함께하려 할까요? 협동은 현생인류가 지구의 주인이 될 수 있었던 힘이었지요. 자발적이진 못하더라도 타인과 함께하고 주어진 역할을 제대로 하는 것이야말로 사람다운 세상을 만드는 길이 아닐까요?

하나 되고 한마음 되어

3개월 동안 고기 맛을 잊었다

三月不知肉味 삼월부지육미

음악에 맞춰 엉덩이를 흔들며 춤추는 아이들을 본 적 있나요? 그 귀여움에 눈은 가늘어지고 입은 커지며 어쩔 줄 모르게 되죠. 갓난아기들도 신나는 음악이 나오면 작은 손과 발을 흔들며 입을 오물거립니다. 이처럼 음악은 모두를 즐겁게 하는 힘이 있지요. 잠자는 세포까지 깨우는 음악 앞에서 사람들은 무장해제됩니다.

공자 역시 음악을 매우 좋아했습니다. 흔히 공자에 대해 예禮를 강조하는 근엄하고 엄격하며 권위적인 사람이라고 생각하지만 『논어』에 그려진 공자는 시詩를 좋아하고 음악을 좋아하는 낭만적인 사람이었죠. 많은 사람들이 놀라는 부분인데, 공자는 자주 음악에 빠지곤 했습니다. 특히 백성들을 선함과 아름다움으로 이끌었던 순임금의 소韶 음악에 푹 빠졌지요.

3개월 동안 고기 맛을 잊었다![*]

제나라에 있을 때 소 음악을 들으면서 감동했고, 함께 노래할 때 잘하는 사람이 있으면 다시 부르게 하고 화답하면서 음악을 즐겼습니다.[**]

또한 음악 평론가이기도 했죠. 인仁과 덕德으로 백성을 이끈 순임금의 소 음악에 대해서는 "지극히 아름답고 지극히 선하다."라는 평가를, 혁명으로 주나라를 세운 무왕의 음악인 무武에 대해서는 "지극히 아름답지만 지극히 선하지는 않다."[***]라고 평가합니다. 어쩔 수 없는 무왕의 한계가 음악으로 드러남을 말한 것이죠.

또 시를 중시했습니다. 시는 음악을 풍부하고 깊고 넓게 하는데, 제자와 아들에게도 "시를 배우지 않으면 말을 할 수 없다."[****]라고 할 정도로 시를 강조하죠. 순수하고 진실하며 맑은 마음을 표현한 시를 통해 진정한 사람이 될 수 있다고 보았던 것입니다.

---

* 『논어』「술이」

** 『논어』「술이」

*** 『논어』「팔일」

**** 『논어』「계씨」

지금 세계의 젊은이들이 열광하는 K-Pop에도 음률뿐 아니라 젊은이들의 마음을 흔드는 노랫말이 있습니다. 음률은 몸을 흔들고 노랫말은 마음을 움직이죠. 음악으로 자연스레 전 세계의 젊은이들이 하나 되고, 한마음이 되며 서로를 이해한다면 이보다 좋은 게 있을까요?

피부색, 종교, 나라, 언어, 문화가 달라도 그것을 잊고 함께 노래하고 춤추며 같은 감정을 공유한다는 것은 다양성이 아름답게 융합되는 조화로움을 의미하죠. 이처럼 음악은 국경을 넘어 사람의 마음을 모으고 하나 되게 합니다. 공자가 음악과 시를 좋아한 이유기도 하죠.

기쁨을 함께하면

즐거움은 함께하기 어렵다

不可與共安樂 불가여공안락

2018년 평창 동계올림픽에서 최민정 선수가 쇼트트랙으로 금메달을 땄던 순간을 기억하시나요? 그때 가장 먼저 뛰어와 최 선수를 안아준 이가 있었습니다. 함께 경기를 뛴 김아람 선수였죠. 경쟁자였음에도 자신이 우승한 것처럼 기뻐하며 눈물을 흘리며 축하해주는 김 선수의 모습은 보는 이를 울컥하게 했습니다.

많은 사람들이 자신과 관계없는 일에 아낌없는 격려와 축하를 하지만, 경쟁자의 영광까지 함께 기뻐하기란 쉽지 않지요. 그것은 선배와 언니를 넘어 덕德과 아량, 인성을 지녔기에 가능했던 일입니다. "어려움은 함께할 수 있지만 즐거움은 함께하기 어렵다."*라는 말처럼 어려운 일에 힘을 모으기는 쉽지만 영광을 함께하기는 어려운 것이 사람이죠.

춘추시대에 초나라 사람인 범려范蠡는 대부인 종種과 함께 월왕越王인 구천句踐을 도와 오나라를 멸망시키고 그를 중원의 패자霸者로 만들죠. 하지만 그는 곧 구천의 곁을 떠납니다. 함께할 것을 애원하는 구천의 협박에도 범려는 "군주는 자신의 명령을 행하고, 신하는 자신의 뜻을 행할 뿐."이라는 말을 남기고 떠나면서 대부인 종에게 편지를 보내죠.

> 새를 다 잡으면 활은 창고에 넣어두고, 토끼를 잡으면 사냥개는 삶게 된다오. 월왕은 사람됨이 목이 길고 입은 새부리처럼 생겼으니 어려움은 함께할 수 있겠지만 즐거움은 함께 누릴 수 없구려. 그대는 어찌 떠나지 않소?

"토끼를 잡으면 사냥개를 삶는다."라는 '토사구팽兎死狗烹'의 일화입니다. 힘을 합쳐 어려움을 극복하는 것은 쉽습니다. 하지만 정작 일이 해결되면 함께했던 사람들의 공로를 잊어버리는 것이 역사의 씁쓸한 교훈이죠. 그래서 성공은 혼자 차지하는 것이지, 함께 공유하기가 어렵다고 하죠. 하지만 자신에 대한 확신과 자존감

* 『사기』「월왕구천세가」

이 높고 인성이 갖춰진 사람이라면, 성공은 혼자의 힘으로 이루어지는 것이 아님을 알기에 함께 나누고 환하게 반기며 축하해줄 수 있습니다. 이것이 성공을 오래 유지하는 비법이지요.

내 곁에 있는 사람이 잘될 때 나도 잘될 확률이 높아집니다. 또 즐거움은 함께 나눌 때 더 극대화되지요. 최 선수가 그랬던 것처럼, 가까운 이의 영광을 먼저 축하해주고 함께 나눈다면 어떨까요? 그럼 내가 성공했을 때도 모두가 기뻐해주지 않을까요? 이것이 최고의 기쁨일 것입니다.

人生
文章

2부

더 나은 관계

작은 행동,
큰 기적

:

내 마음을 잣대로 삼아 남의 마음을 헤아린다

絜矩之道 혈구지도

몸이 아픈 어머니를 위해 구두를 구매한 딸이 있었습니다. 하지만 어머니는 구두를 신어보지 못한 채 돌아가셨죠. 어느 날 구두를 구입했던 쇼핑몰에서 구두를 잘 신고 있냐는 메일을 보내왔습니다. 딸은 어머니가 돌아가셨다는 말과 함께 반품이 가능한지를 물었지요. 그러자 쇼핑몰에서는 구두를 반품해주었고 한 다발의 꽃과 위로 카드까지 보내주었습니다. 감동받은 딸은 자신의 SNS에 이러한 사연을 올렸고, 사람들은 그 사실을 여기저기 전달하는 동시에 사연 속의 쇼핑몰 자포스Zappos를 찾았습니다. 어머니를 여읜 딸의 슬픔을 위로하기 위한 작은 행동은 쇼핑몰을 성장시키는 기적이 되어 돌아왔습니다.

행복경영을 추구한 자포스의 CEO 토니 셰이Tony Hsieh는 자포스의 구성원과 고객 모두가 행복하기를 바랐죠. 그는 고객의 마음을 헤아림으로써 "우리는 신발이 아닌 서비스를 파는 회사다."라는 경영철학을 실천했습니다. 이처럼 행복경영은 말로만 외치는 구호가 아니라 실천할 때 가능합니다. 상대방의 마음을 내 마음처럼 헤아리는 것을 토대로 이루어지며 모두를 감동시키고 변화시킵니다.

> 내 마음을 잣대로 삼아 남의 마음을 헤아린다.*

『대학』에서는 이것이 천하를 안정되고 평화롭게 하는 방법이라고 보았는데요. 내가 싫었던 것을 남에게 하지 말라는 것이며, 내가 받고 싶은 대로 하라는 것이죠. 이는 상대방을 나처럼 여기는 마음이어야 가능한 것으로, 내 입장만 생각한다면 불가능합니다.

사실 신지 않았다지만 반품된 신발은 다시 판매하기 쉽지 않지요. 거기다가 이미 반품 기간이 지났기 때문에 반품을 거부하더라도 쇼핑몰을 비난할 사람은 없습니다. 그럼에도 반품해준 것은 구두를 볼 때마다 돌아가신 어머니를 떠올릴 딸의 마음을 헤아렸

---

* 『대학』 전10장

기 때문이죠. 상대방의 마음을 내 마음처럼, 상대방의 아픔을 내 아픔처럼 헤아린 그 행동은 감동과 함께 소비자의 마음을 움직였습니다. 모두를 행복하게 하고 싶다는 자포스의 사명은 직원과 협력업체를 넘어 소비자에게까지 전달되었죠.

자포스는 2009년 아마존에 12억 달러에 인수됩니다. 기업문화와 경영방식 등 회사의 모든 것을 그대로 유지한다는 조건이었습니다. 2018년에 매출 10억 달러를 돌파하면서 1,300%의 성장률을 기록한 자포스의 기적은 고객의 마음을 헤아린 작은 행동에서 출발되었습니다.

다 내 탓이다

허물이 있으면 고치기를 꺼리지 말아야 한다

過則勿憚改 과즉물탄개

오래전 국민의 사랑을 한몸에 받던 가수가 있었죠. 건장한 모습에 춤도 잘 추는 데다 개념 있는 언행으로 사랑받았는데요. 외국에서 자랐음에도 한국의 젊은이라면 반드시 군대를 가야 한다는 소신 발언으로 장년층의 호감까지 끌어내며 '아름다운 청년'이라는 수식어까지 붙었습니다. 한데 그는 신체검사 4급으로 공익 판정을 받고는 일본 공연을 다녀오겠다며 출국한 후 바로 미국으로 가 시민권을 획득했죠. 그는 더 이상 군대에 가야 할 이유도 명분도 없어졌습니다.

병역기피 논란으로 입국이 금지된 그는 한국에 발을 디딜 수 없게 되었는데, 재판까지 진행하면서 한국에 오고자 했지요. 그러자 병역과 국민을 우롱한 그를 한국에 들어오지 못하게 해달라는 청원이 올라왔고 20만 명 이상의 사람들이 동의했습니다. 그 후 그는 인터뷰를 통해 자신의 입장을 밝혔는데요. 자신은 군대를 가겠다고 말한 적이 없고, 군대를 가는 것만 애국이 아니라는 부모님의 설득을 따른 것이며, 다시 한국에 오고자 하는 것은 한국이 자신의 뿌리이기 때문이라고 말했습니다.

그는 한국을 떠나 십수 년을 보내면서 변명과 남 탓으로 일관했습니다. 20대에 한국을 떠난 그는 지금 40대로 두 아이의 부모가 되었지만, 여전히 자신이 무엇을 잘못했는지 전혀 모르는 채 남 탓만 하고 있지요. 20대도 어리지 않습니다. 자신의 결정과 인생에 책임을 져야 하는 나이입니다. 한순간의 선택이 자신의 미래를 만든다는 것을 왜 생각하지 못했을까요? 그리고 40대가 된 지금이라면 그때를 반성하는 것이 먼저 아닐까요? 변명과 남 탓만 하는 것은 떳떳한 부모의 모습이 아니죠.

허물이 있으면 고치기를 꺼리지 말아야 한다.*

“잘하면 내 탓, 잘못하면 조상 탓”이라는 속담처럼 사람은 자

* 『논어』「학이」

신의 잘못에 대해 책임을 피하고 싶어 하죠. 하지만 최종 결정은 결국 자신이 하는 것입니다. 특히 사람들의 관심과 사랑으로 부와 명예를 누린 연예인이라면 그 책임은 더욱 오롯이 자신이 져야 하지요. 그가 했던 말이 그대로 남아 있는데 하지 않았다고 발뺌만 하는 것을 보면서 불쌍하게 느껴진 것은 저뿐일까요? 모든 잘못을 소속사 탓, 부모 탓으로 돌리는 것은 어른의 모습이 아니죠. 꼭 한국에 오고자 한다면 자신의 경솔한 말과 행동에 대해 잘못했음을 진심으로 사과하는 것이 먼저 아닐까요? 그것이 한국에 못 오더라도 더 이상 부끄럽지 않은 어른이자 부모가 되는 방법입니다.

사람을 얻었느냐?

지름길로 다니지 않으며 공적인 일이 아니면 우리 집에 오지 않았다

行不由徑 非公事 未嘗至於偃之室也 행불유경 비공사 미상지어언지실야

사람을 알기 위해선 같이 일을 해보면 됩니다. 예전에 좋아하던 후배가 있었죠. 가끔 과장되다 느끼긴 했지만 늘 상냥하고 싹싹하며 깍듯하고 친절한 그녀를 참 좋아했습니다. 그녀와 함께 일할 기회가 생겼을 때 기대가 컸던 것은 성격뿐 아니라 일도 적극적으로 잘할 거라고 생각했기 때문이었지요. 그런데 그녀와 일하기 쉽지 않을 거라며 걱정하는 지인이 있었습니다. 평소에 보던 것과 다르다는 것이었죠. 제가 아는 그녀는 그렇지 않았기 때문에 그 말을 허투루 들었습니다. 하지만 막상 일을 해보니 저는 그녀의 진짜 모습을 모르고 있었습니다. 제가 아는 그녀는 어디 가고,

핑계도 많고 잘 미루고 자신의 일을 아르바이트생에게 떠맡기고 결과물만 챙기며 사람을 함부로 대하는 낯선 사람이 있었지요.

이처럼 결정적인 계기가 없으면 사람을 알기 어렵습니다. 보이는 것과 실제가 다르고, 진짜 모습이 다르며, 말과 행동이 다르다는 것을 어떻게 알 수 있을까요. 함께 일하면서 평소 지닌 신뢰가 깨지게 되면 사람에 대해 다시 생각하게 되지요. 그런가 하면 평소에 기대하지도 않던 사람이 기대 이상의 결과물을 보여주거나, 알면 알수록 괜찮은 사람도 있습니다. 이런 일을 겪으면서 사람을 안다는 것이 얼마나 어려운지 깨닫게 되지요.

공자 역시 사람을 중시했습니다. 제자를 기르고 함께하며 교육했던 것도 제대로 된 사람을 바라는 마음 때문이지 않았을까요? 공자가 노나라 무성의 읍재가 된 제자 자유子游에게 물었던 것도 "사람을 얻었느냐?"였습니다. 그러자 자유는 대답하죠.

> 담대멸명澹臺滅明이라는 자가 있는데, 길을 다닐 때 지름길로 다니지 않으며, 공적인 일이 아니면 일찍이 제 집에 온 적이 없습니다.*

담대멸명은 원칙을 지키고, 공과 사를 구분하는 강직하고 바

* 『논어』「옹야」

른 사람이었죠. 이런 사람을 얻는다는 것은 쉬운 일이 아닌데 자유는 그러한 사람을 발견한 것입니다. 이렇게 윗사람의 눈에 띄기 어려운 자를 발견한 자유가 대단하지 않나요? 이는 바른 사람을 찾으려는 마음을 지녔기에 가능했던 것이죠.

바른 사람을 얻는 것만큼 힘이 되는 것이 있을까요? 믿었던 사람이 그런 사람이라면 얼마나 힘이 날까요? 사람을 얻어야 제대로 일할 수 있습니다. 일이 아니라 사람이 힘들다는 것, 사람에 데인 후 알게 된 교훈이었습니다.

세종에게서 듣다

선한 가르침은 백성의 마음을 얻는다

善敎 得民心 선교 득민심

세계 10위권의 경제대국, IT의 나라, 한류의 나라로 세계 속에 한국을 심고 있는 우리나라지만 정치에 이르면 할 말이 없습니다. 동물국회라는 말이 나올 정도로 국회의 진정한 기능은 사라지고 연일 눈살 찌푸리게 하는 싸움이 벌어지고 있지요. 저마다 생각은 다르지만 국민들이 바라는 나라는 평화롭고 조화로운 나라일 텐데 현실은 그렇지 않으니, 자기만 옳다며 소리 높이는 그들을 볼 때마다 답답해집니다.

맹자는 선한 정사와 선한 가르침의 영향력이 어떤가를 말해줍니다. 함께 들어볼까요?

> 선한 정사는 백성이 두려워하고, 선한 가르침은 백성이 사랑하며, 선한 정사는 백성의 재물을 얻고, 선한 가르침은 백성의 마음을 얻는다.*

역사를 살펴보면 옛날 우리에게도 이러한 정치인이 있었죠. 바로 세종대왕입니다. 그는 소통과 타협, 대화와 설득, 개방과 조화, 배려와 공감으로 듣고 묻고 설득했지요. 세종은 특히 토론의 달인이었습니다. "나는 알지 못한다."라는 말로 상대방의 입을 열었고 토론하고 설득하며 여론을 존중했죠. 당시 여론조사를 통해 백성의 생각을 읽고는 14년 동안 수정해 공법貢法을 제정한 것은 유명하죠. 또한 인사에 있어서도 매우 개방적이었습니다. 자신의 사람만이 아니라 자신을 반대했던 허조, 황희 등을 중용했고, 무사나 노비일지라도 뛰어난 인재라면 발탁해 능력을 발휘할 수 있도록 해주었습니다. 그야말로 모든 사람에게 기회의 문을 열어준 것이죠. 또 외교에 있어서도 실리외교를 취했습니다. 명나라를 우대하면서도 취해야 할 것은 취하는 영리한 외교를 함으로써 북방의 영토를 회복했고, 우리의 하늘을 관찰하는 천문대인 간의대, 우리의 시간을 알리는 자격루, 우리의 땅에 맞는 농사법과 우리 땅에서 재배한 약초와 식물을 토대로 한 책 등을 제작했죠. 가장 위대

* 『맹자』「진심 상」

한 것은 누구도 알지 못했던 백성의 마음을 읽고 훈민정음을 창제한 일이었습니다.

어떻게 이 많은 일을 할 수 있었을까요? 바로 선한 정사와 선한 가르침의 진정성이 있었기 때문입니다. 진정성 있는 말과 행위, 백성을 생각하는 위민과 애민 정신은 백성들에게 고스란히 전해져 마음을 움직였으며 신뢰하게 만들었고 함께 일할 수 있도록 힘을 모았죠. 말과 행동의 일치와 국민을 생각하는 진정성이 사람의 마음을 움직이는 힘이라는 것, 정치인들이 알았으면 좋겠습니다.

얼마나 지녀야 베풀 수 있을까요?

검소하므로 베풀 수 있다

儉故能廣 검고능광

미래의 계획을 물어보면 어른들 대부분은 현실에 기반해 말하고 아이들은 꿈을 말하죠. 아이들의 꿈은 현실을 넘어 온갖 것을 자신의 영역으로 끌어들여 오늘 다르고 내일 다르며, 하고 싶고 되고 싶은 것도 계속 변합니다. 병들고 가난한 사람을 위해 의사가 되고 싶다거나 억울한 사람을 위해 변호사가 되고 싶다거나 가난 없는 세상을 위해 사업가가 되고 싶다거나 좋은 세상을 위해 대통령이 되고 싶다거나…. 이처럼 아이들의 꿈에는 공통점이 있습니다. 그들의 꿈에는 반드시 남이 있죠. 어른들은 자신을 위해 무언가 되고 싶어 하는 반면, 아이들은 자신의 능력을 통해 남도 잘 살고 잘되기를 바랍니다. 이러한 점에서 아이들의 꿈은 어른들의 바람보다 순수하고 크며 부유합니다. 이 때문에 가진 것 없어도 나눠야 함을 알지요.

많이 지닌 사람이 많이 베푼다면 정말 좋겠지만 현실은 그렇지 않지요. 가진 것과 상관없이 베푸는 사람이 있는가 하면, 많이 지녀도 남을 위해서는 한 푼도 쓰지 않는 사람도 있습니다. 결국 베푸는 것은 마음의 문제인 것을 알 수 있지요. 예능 프로그램인 〈슈퍼맨이 돌아왔다〉에 출연하는 아이들만 보더라도 아직 어린 그들이 먹을 것을 자기 입에만 넣지 않고 상대방의 입에 넣어주는 장면을 볼 때면 놀랍죠. 아이들의 행동을 보면서 저것이 우리의 본래 마음이라는 생각에 가슴이 뜨거워지기도 합니다. 오래전 우리에게 있었던 '한 알의 콩도 나누는' 나눔의 정신을 아이들이 보여주고 있죠. 아이들이 자라도 이 마음을 잃지 않는다면 세상은 지금보다 훨씬 따뜻해지지 않을까요? 이러한 정신을 강조한 사람이 노자입니다. 노자는 베풂에 대해 이렇게 말하죠.

> 검소하므로 베풀 수 있다.*

욕심이 없기에 검소할 수 있으며, 남을 배려하기에 꾸밈없고 수

* 『노자』 67장

수할 수 있습니다. 그래서 자신의 것을 나눌 수 있지요. 욕심은 욕심을 부르고 끝없는 욕심으로 이어져 계속 채우려 할 뿐, 남에게 베풀 여유를 없게 만듭니다. 하지만 검소하면 지녀야 할 최소한의 것 외에는 자신의 것으로 여기지 않기에 아낌없이 나누고 주게 되지요. 즉 많이 지녔다고 베푸는 것이 아니라 상대방과 같은 마음을 지닐 때 베풀 수 있는 것입니다. 반짝이는 아이들의 검소하고 순수한 마음은 보기만 해도 흐뭇한 것처럼, 우리도 그 마음을 지닌다면 마음이 부유해지지 않을까요?

호구 없는 세상

:

선으로써 남을 기른 뒤에야 천하를 복종시킬 수 있다

以善養人然後 能服天下 이선양인연후 능복천하

"호구 되었다."

"호구 잡혔어."

"나를 완전 호구로 알아."

누군가 자신을 우습게 여기거나 억울한 일을 당하면 많은 사람들이 이렇게 말하며 분통을 터뜨리고 분노합니다. 호구虎口는 호랑이의 입이라는 뜻으로, 바둑에서는 상대방의 바둑돌 석 점으로 둘러싸여 있는 형국을 일컫습니다. 둘러싼 돌의 속이 금방이라도 잡아먹힐 듯한 호랑이의 입과 같기에 '호구'라고 한답니다.

이 때문에 호구는 어수룩하거나 남들에게 쉽게 이용당하는 사람들을 말할 때 사용하지요. 어느 누구도 호구가 되고 싶지는 않겠지만 간혹 자신도 모르게 호구가 되기도 합니다. 좋은 의도로 상대방을 생각해서, 거절을 못 해서 한 일인데 이용당하면 화가 나고 분통이 터져 이렇게 말합니다. "착하게 살면 호구 돼." 정말 착하게 살면 호구가 될까요? 맹자는 말합니다.

> 선으로써 남을 복종시키려는 자는 남을 복종시킨 경우가 없었으니, 선으로써 남을 기른 뒤에야 천하를 복종시킬 수 있다. 천하가 마음으로 복종하지 않는데 왕 노릇을 할 수 있는 경우는 아직까지 없었다.*

이는 관계에 있어 선함만으론 안 된다는 말입니다. 나의 착함이 오히려 상대방에게 이용하기 좋은 것이 된다면, 그것은 의도와 다르게 상대를 더 나쁜 존재가 되게 하고 나 또한 힘들게 됩니다. 그렇다면 어떻게 해야 할까요? 먼저 상대방이 선해지도록 해야 합니다. 그게 쉬운 일일까요? 어렵죠, 어렵습니다. 자식도, 부부도, 하다못해 자기 자신도 마음대로 안 되는데, 어떻게 다른 사람을 선하게 만들 수 있을까요?

* 『맹자』「이루 하」

끊임없이 소통해 나와 상대방 사이의 벽을 없애야 합니다. 벽을 없애려면 경청하고 공감해 배려하고 헤아리는 태도로 서로의 마음을 알아야 하지요. 이러한 관계를 바탕으로 호구가 발생하지 않도록 사회를 바꿔야 할 것입니다. 남을 속여서 이득을 취해도 괜찮다는 생각이 만연해지면 당하는 사람은 계속 당할 수밖에 없고, 속이는 사람은 더욱 많아지겠지요. 속일 수 있어도 속이지 않는 세상은 선으로 기를 때 가능하며, 마음으로 따를 때 가능합니다. 억울하게 당하는 호구 없는 세상은 그렇게 이룰 수 있습니다. 이것이 모두가 바라는 세상 아닐까요?

그대는 어떤 사람인가요?

자신을 닦아서 남을 편안하게 하는 사람

修己以安人 수기이안인

함께하면 시간 가는 게 안타깝거나 더 함께하고 싶을 만큼 편안하고 좋은 사람이 있는가 하면, 시간이 아깝거나 빨리 벗어나고 싶은 사람도 있습니다. 또 무슨 이야기든 하고 싶은 사람이 있는 반면, 혹 잘못 전해질까 봐 조심스러운 사람도 있지요.

사람들은 어떤 사람을 좋아할까요? 귀 기울여 들어주고 내 편이 되어주는 사람을 편하게 여기겠죠. 그게 쉽지 않다 보니 상대의 말을 듣는 척하며 한 귀로 흘리는 사람도 있습니다. 그런 사람과 얘기를 하면 말이 허공에서 떠돌다 부서지는 느낌을 받곤 합니다. 또 둘 사이에 보이지 않는 벽이 존재하는 느낌을 받죠. 마음은 보이지 않지만 투명하면서도 단단한 마음의 벽은 참으로 잘 보입니다. 이 경우 매우 찝찝하죠. 그런데 이런 사람들이 의외로 많습니다. 경청은 상대방의 마음을 자신처럼 여기고 진심을 다할 때 가능합니다. 이 때문에 척만으로는 안 되죠. 좋은 사람이고 싶은 마음에 듣는 척하는 것, 나쁜 사람에 더 가깝지 않을까요?

또한 말을 끊으며 계속 충고하거나 넘겨짚으면서 미리 결론을 내리는 사람도 있습니다. 그런 말이 아닌데 앞서가며 듣지 않는 사람 역시 마음의 벽에 부딪히는 느낌을 벗어날 수 없습니다. 또 의도를 벗어나 엉뚱한 방향으로 말을 끌고 가면서 계속 훈수를 두는 사람도 있지요. 그냥 들어만 줘도 좋은데 자신의 생각이 정답인 양 강요하지요.

자신을 닦아서 사람들을 편안하게 하는 사람*

공자는 군자에 대해 이렇게 이야기합니다. 미하엘 엔데의 『모모Momo』가 생각나네요. 모모처럼 자신이 먼저 귀와 마음을 열고 들어주는 사람이 되어야 한다는 거죠. 이를 위해서는 마음이 열려 있어야 하고 공감할 수 있어야 합니다. 그 조건이 자신을 닦는 수신이죠. 그래야 상대방은 편안하게 말할 수 있고, 그 덕분에 스스

* 『논어』「헌문」

로 정답을 찾아 결정할 수 있습니다.

남을 편안하게 하는 것은 엄청난 인내와 노력이 필요합니다. 자신의 관심사가 아니고 알지도 못하는 말을 들어야 한다면 스트레스도 쌓이고 시간도 아깝다는 생각이 들기도 하지요. 그럼에도 그럴 수 있는 것은 상대방을 나처럼 여기기 때문입니다. 공자가 '남을 편안하게' 앞에 '자신을 닦아서'를 둔 것은 자신을 닦지 않으면 남을 편안하게 할 수 없다는 뜻이 내포되어 있지요. 먼저 자신을 닦을 때 다른 사람의 마음을 내 마음처럼 여길 수 있습니다. 자신을 닦는 것이 다른 사람에게 계속 함께하고 싶은 편안한 사람이 되는 첫 단추인 것이죠.

햇볕이 아무리 따뜻해도

:

하루 동안 햇볕을 쬐고 열흘을 차게 하다

一日暴之 十日寒之 일일폭지 십일한지

갑자기 기온이 뚝 떨어진 어느 날, 잊고 있던 베란다의 화초가 생각났습니다. 베란다 문을 열어보니 추위에 축 처진 화초가 눈에 들어왔지요. 실내에서 자란 화초인지라 며칠 계속된 추위에 견딜 힘을 잃은 것입니다. 실내로 들였지만 예전의 모습을 찾기까지 시간이 걸렸습니다.

사람도 그렇습니다. 한순간 잘못된 선택을 해 세상 풍파를 겪는 어려움에 빠지기도 하지요. 한때 존경했던 분이 그랬습니다. 어떻게 된 건가 생각해보니 어느 순간부터 그분을 이용하려는 사람들이 모여들었고, 그들에게 휘둘리기 시작했습니다. 그러자 괜찮은 사람들은 떠나고 그분은 위기에 빠지게 된 것입니다.

사회적 명성과 재력은 사람들을 불러 모으는 힘이 있죠. 그때 흔들리지 말고 사람 자체를 봐야 하는데, 아부와 달콤한 말에 취하면 사람을 보는 혜안을 잃게 됩니다. 그러다 보면 간언諫言하는 사람을 불편하게 여기고 멀리하게 되지요. 오랜 지인의 염려와 충고에 귀를 기울이는 것이 지금까지의 자신을 잃지 않고 계속 길을 가게 하는 힘인데, 아부는 그것을 막습니다.

맹자가 가장 많이 만난 왕은 제나라 선왕이었습니다. 왕은 왕도를 말하는 맹자에게 다양한 이유를 들어 변명을 늘어놓지만, 그럼에도 맹자는 그에게 왕도를 권하지요. 제선왕은 행할 것처럼 고개를 끄덕이며 감탄하다가 바로 본래의 모습으로 돌아갑니다. 그에 대해 맹자는 이렇게 말하죠.

> 왕께서 지혜롭지 못한 것을 이상하게 여길 필요가 없다. 비록 천하에 쉽게 살아나는 식물이 있더라도 하루 정도 햇볕을 쬐고 열흘을 차게 하면 살아나는 것이 없을 것이다. 나는 뵙는 것이 드물고, 내가 물러나는 순간 바로 왕을 차게 할 자들이 이르니, 내가 만일 싹이 나게 하더라도 어찌할 수 있겠는가?*

* 『맹자』「고자 상」

매우 따뜻한 하루가 주어졌다 해도 열흘 동안 추위 속에 놓여 있다면 식물은 제대로 자라지 못합니다. 하루의 햇살이 아무리 강하고 따뜻해도 열흘의 추위를 이길 수 없지요. 아부는 달콤하고 매혹적입니다. 항상 듣고 싶은 말이기도 하죠. 하지만 입에 단 음식이 건강을 해치듯이 삶의 길을 해칩니다. 아부의 유혹을 과감히 끊을 때 바르고 옳은 사람을 곁에 둘 수 있습니다. 이것이 결국 꽃을 피우고 내내 존경받는 길입니다.

존중을 잃은 사회

인한 사람은 남을 사랑한다

仁者愛人 인자애인

영화 〈조커Joker〉는 약하디약한 광대 아서가 조커가 되어가는 과정을 섬세하게 보여줍니다. 호아킨 피닉스Joaquin Phoenix가 연기한 조커는 〈다크 나이트The Dark Knight〉에서 히스 레저Heath Ledger가 표현한 조커와는 결이 달랐습니다. 〈다크 나이트〉를 보며 히스 레저를 넘어설 조커가 있을까 했는데, 호아킨 피닉스는 아예 다른 결의 조커를 연기했죠. 조커를 그저 악마로 그려내는 게 아니라, 나약한 아서가 경멸과 조롱, 학대와 무시 속에서 조커로 변해가는 과정을 섬세하고 설득력 있게 보여줍니다. 이 때문에 영화를 보고 나면 그를 이해하게 되죠. 아서가 조커로 변하기 전 우리 사회가,

아니 사람들이 상대를 존중하는 법을 알았더라면, 힘없고 소외된 자도 존중해주었더라면 조커가 탄생했을까요? 알게 모르게 누군가를 무시하거나 경멸했던 적은 없었는지 자신을 돌아보게 되었습니다.

맹자는 군자란 본래의 마음을 보존하는 존재라고 말합니다.

> 인仁으로 마음을 보존하고 예禮로써 마음을 보존한다. 인한 사람은 남을 사랑하고 예를 행하는 사람은 남을 공경한다. 남을 사랑하는 자는 남이 항상 사랑해주고, 남을 공경하는 자는 남이 항상 공경해준다.*

만일 아서의 주변에 그를 사랑으로 대하고 존중해주는 사람이 있었더라도 그가 조커가 되었을까요? 어린 시절에 엄마에게 학대를 당하면서도 웃어야 했던 그는 감정조절장애인 감정실금을 앓게 되죠. 피에로 분장을 하고 남에게 웃음을 줘야 한다는 강박으로 아무 데서나 웃음을 터트리기에 사람들에게서 더욱 멀어집니다. 늘 웃는 데다 약하고 무능한 그를 인정해주는 사람은 없었죠. 결국 그는 총을 쥐게 되자 자신을 비웃고 무시했던 세상을 향해 쏘기 시작합니다. 단 한 사람, 아서처럼 약한 난쟁이만을 살려둔

* 『맹자』「이루 하」

것은 그만이 자신을 인정해주었기 때문이죠. 무시당했다고 사람을 죽이는 것은 옳지 않지만, '그들이 아서의 아픔을 이해하고 그의 소리에 귀를 기울여주며 공감했었다면 그토록 광기에 사로잡혀 총질을 했을까?' 하는 생각이 듭니다.

축 늘어졌던 아서의 어깨는 조커가 된 후 힘이 들어가고, 그는 화려한 수트를 입고 계단 위에서 춤을 추죠. 그 춤은 세상을 향한 포효이며 선전포고였지요. 이후 그는 세상을 향해 총을 쏘았고 그 뒤를 수많은 조커가 따릅니다. 영화는 조커가 없는 세상을 이룰 수 있는 힌트를 주죠. 서로를 존중하고 사랑하는 것, 그것이 답입니다.

잘못을 바로잡는 것이 사랑입니다

:

옳고 곧음으로 원한을 갚고, 덕으로 덕을 갚아야 한다

以直報怨 以德報德 이직보원 이덕보덕

언젠가부터 뉴스가 무서워졌습니다. 사랑해서 함께했는데 폭력을 행하는 데이트폭력과 성폭력, 아직 어린 학생들이 친구에게 행하는 집단폭행과 살인까지. 우리 사회가 왜 이렇게 되었는지 참으로 안타깝고 무섭고 화가 납니다.

이뿐 아니라, 말과 글로 행해지는 폭력은 어떻고요? 언어폭력과 따돌림, 뒷담화 등 다양한 폭력이 오프라인과 온라인에서 행해지면서 지울 수 없는 상처에 시달리는 사람들이 많습니다. 특히 SNS로 확산되는 문자와 사진, 동영상은 지워도 지워지지 않아 다른 형태의 폭력이 되어 피해자들을 옥죄입니다. 그런데 가해자들은 오히려 SNS를 이용해 자신들의 폭력을 합리화하기도 합니다. 폭력에 계속 노출되어 있는 피해자들은 고통스러운 상황을 벗어나기 위해 빨리 그 문제를 해결하려고 하죠. 그 과정에서 충분한 사과 없이 용서가 이루어지기도 합니다. 그런데 용서가 될까요?

함무라비 법전과 구약성경에는 "눈에는 눈, 이에는 이"*라는 유명한 말이 있죠. 하지만 신약에서 예수님은 "원수를 사랑하라."** 라며 가해자를 용서하라고 말합니다. 그런가 하면 노자는 "덕으로 원한을 갚아야 한다."***라는 '보원이덕報怨以德'을 말하지요. 당한 것도 억울한데, 쉽게 용서할 수 있을까요? 상처가 그대로 남아 있기에 용서는 쉽지 않습니다. 그에 비해 공자는 원한을 용서하고 무조건 덕으로 갚는 것을 지양합니다. 누군가 공자에게 덕으로 원한을 갚는 것에 대해 묻자, 공자는 이렇게 대답하지요.

> 그렇다면 무엇으로 덕을 갚을 것이오? 옳고 곧음으로 원한을 갚고, 덕으로 덕을 갚아야 하오.****

원한이나 원망이 있으면 이미 내 안에 미움과 분노가 가득해

---

* 출애굽기 21장 24절

** 누가복음 6장 27절

*** 『노자』 63장

**** 『논어』「헌문」

당한 만큼 갚고 싶어 해 옳고 곧음으로 해결하기 쉽지 않죠. 하지만 옳고 곧음으로 해결하지 않으면 원망과 미움이 자라고 자라 결국 모두에게 상처를 주는 무서운 칼이 됩니다. 그럴 때 옳음과 곧음은 분노와 원망으로 넘칠 수 있는 부분을 조절해주지요. 그래서 원망이 길을 잃지 않도록 하고 원한이 멈출 수 있도록 하며 나아가 가해자가 깨달을 수 있게 합니다. 즉 옳고 곧음은 내 안에서 성장하는 원한을 멈추게 하고, 가해자를 바르게 하는 길잡이인 것이지요.

덕은 덕으로 갚아야 합니다. 올바른 마음인 덕은 '더하기'가 아니라 '곱하기'로 많은 사람을 덕의 길로 이끌지요. 원한은 곧음으로 갚아 상대방을 바른 길로 인도하고, 덕은 덕으로 갚아 더 많은 사람에게 영향을 미치는 것, 세상과 사람을 바르게 하는 길이 됩니다. 이것이 원수까지 사랑하는 사랑 아닐까요?

재주가 있더라도 덕이 없으면

가령 교만하고 또 인색하다면 그 나머지는 볼 것이 없다

使驕且吝 其餘不足觀也已 사교차린 기여부족관야이

2010년에 열린 제21회 밴쿠버 동계올림픽을 기억하시나요? 당시 우리의 눈과 귀는 온통 밴쿠버로 향했지요. 그 중심에는 탁월한 역량으로 세계의 피겨를 제패한 김연아 선수가 있었습니다. 그녀는 기대보다 더 뛰어난 경기를 함으로써 우리나라 국민에게 자부심을 주었고, 피겨 세계에서 더 이상 비교할 상대가 없게 되었지요. 경기를 마치자마자 미국 NBC 스포츠 방송의 톰 해먼드Tom Hammond 캐스터는 "Long live the Queen!", 즉 '여왕 폐하 만세'를 외쳤고 한국에서 경기를 지켜보던 우리는 마치 자신이 승리한 것처럼 감격했습니다. 겨울에도 눈 소식이 뜸한 데다 피겨에 대한

투자도 없는 나라에서 탄생한 피겨 여제라니요!

10대 때부터 세계 피겨에 이름 석 자를 새기며 두각을 나타낸 김연아 선수는 뛰어난 자질을 타고났지만 연습량도 엄청났습니다. 얼음판에서 넘어져 부상을 입는 것이 일상이었고 허리디스크까지 있어 테이핑 테이프를 칭칭 감고서도 연습을 멈추지 않았습니다. 그 시간을 이겨냈기에 여제라는 영광을 갖게 된 것이죠. 그래서 남녀노소를 불문하고 그녀를 존경한다는 사람들이 많습니다. 최고이기도 하지만 최고가 되기까지의 과정이 존경스럽기 때문이지요. 이런 그녀의 스토리는 사람들에게 감동을 주기에 충분했습니다.

한데 그녀가 뛰어난 재능만 지녔다면 은퇴를 한 지금까지 이렇게 존경받을 수 있을까요? 김연아 선수는 뛰어난 재능과 노력뿐 아니라 인품까지 갖추고 있습니다. 피겨 불모지인 한국에서 자신이 경험했던 서러움이나 어려움을 후배들이 겪지 않도록 참으로 많은 일을 합니다. 후배들을 위한 장학제도와 기부도 그중 하나지요.

> 만일 주공周公과 같은 뛰어난 재능이 있다 할지라도 가령 교만하고 또 인색하다면 그 나머지는 볼 것이 없다.*

* 『논어』「태백」

공자는 왜 이렇게 말했을까요? 주공은 주나라의 토대뿐 아니라 예禮를 비롯한 소프트웨어를 구축한 사람입니다. 그가 있었기에 주나라의 역사가 탄탄해질 수 있었죠. 어린 조카인 성왕成王의 섭정을 맡으며 숱한 오해 속에서도 묵묵히 나라를 궤도에 올렸고, 인재등용에 애를 썼습니다. 또 덕德으로 사람들을 끌어안았지요. 만일 주공에게 나라를 일으키는 놀라운 재주는 있었지만 덕은 없었다면 주나라의 역사가 지속되기 힘들었을 겁니다. 재능에 더해진 덕은 자신뿐 아니라 모두를 구하죠. 김연아 선수가 지금까지 여제의 자리에 우뚝 서 있는 것도 뛰어난 능력에 더해진 덕 때문이 아닐까요? 재능과 덕이 함께할 때 사람의 마음을 얻는다는 것, 인재들이 새겼으면 좋겠습니다.

우리는 모두 다르죠

성인은 바르되 남을 해치지 않는다

聖人 方而不割 성인 방이불할

가끔 의도하지 않았는데 타인의 통화를 듣게 될 때가 있습니다. 버스나 공공장소에서 거리낌없이 통화하는 사람들 때문이죠. 그들은 사적인 내용을 크게 떠들거나 흥분해서 누군가를 비방하기도 합니다. 한번은 버스에서 누군가에게 끝없이 뭔가를 강요하는 통화를 듣게 되었습니다. 듣다 못한 누군가가 작은 소리로 통화하라고 소리쳤고, 용기를 얻은 사람들은 내려서 통화하라고 했지요. 그제야 자신의 통화 내용이 공개되었다는 것을 안 사람은 허둥대며 다음 정류장에서 내렸습니다.

그 사람을 보며 연락을 끊은 지인이 생각났습니다. 어쩌다 만나면 지인은 자신이 좋아하는 드라마와 노래를 "꼭 봐라." "꼭 들어라." 강요했지요. 시큰둥하니 별 관심을 보이지 않으면 이 좋은 것에 왜 관심이 없냐면서 안타까워했습니다. 자신이 좋아하는 것을 공유하고 싶은 마음은 이해가 갔는데, 강요에 이르자 더 이상 만나면 안 되겠다고 생각했지요.

많은 사람들이 자신의 입장에서 상대에게 강요할 때가 많습니다. 자신과 다름을 틀린 것으로 보기도 하죠. 이래라저래라 강요를 뛰어넘어 '너는 그래서 문제'라고 단정하고 비난하기도 합니다. 이로 인해 상처받고 갈라서기도 하죠. 우리가 모두 다르다는 것을 인정한다면 있을 수 없는 일인데, 같기를 바라는 마음은 설득과 강요, 윽박지름, 비난, 단정으로 나타나기도 합니다.

> 성인은 바르되 남을 해치지 않는다.*

노자의 말입니다. 성인은 자신이 바르다고 해서 남에게 강요하거나 함부로 판단하거나 해치지 않는다는 것이죠. 자신은 바르지 않으면서 남을 판단하고 비난하며 자기 기준의 바름을 강요한다면 누가 받아들일까요? 성인은 모든 사람이 다르다는 것을 알기에 그 어떤 것도 강요하지 않습니다. 청렴과 곧음, 빛남까지도….

* 『노자』 58장

오늘날 우리 사회의 갈등은 매우 다양합니다. 이 갈등은 서로의 다름을 인정하지 못하고 같기를 바라는 데서 비롯된 것이죠. 상대방이 외모뿐 아니라 생각도 나와 다르다는 것을 받아들인다면 갈등도 해소되고 그것이 시너지를 일으켜 다양하고 조화로운 사회를 만들 수 있지 않을까요? 강요는 분노를 낳을 뿐 해결책이 아닙니다. 나도 상대방을 못 받아들이는데 상대방은 받아들일까요? 사이만 벌어질 뿐입니다. 나의 마음을 공유하지 못하는 상대방이 안타깝다 해도 그대로 인정하고 존중하며 받아주어야 합니다. 우리는 모두 다르니까요.

人生
文章

3부

말

SNS 시대의 사랑과 범죄

교묘한 말과 아름답게 꾸민 얼굴은 인한 자가 드물다

巧言令色 鮮矣仁 교언영색 선의인

가끔 뉴스를 보다 보면 '이게 말이 돼?' 하는 기사를 접하곤 하죠. 그중 하나가 인터넷을 통해 한 번도 본 적 없는 사람과 사랑에 빠져 돈도 잃고 상처도 받는 일인데요. 이른바 '로맨스 스캠romance scam'입니다. 로맨스 스캠은 '연애'를 뜻하는 로맨스romance와 '신용 사기'를 뜻하는 스캠scam의 합성어로, SNS 등에서 이뤄지는 연애 사기를 뜻합니다. 페이스북이나 트위터, 인스타그램 등 SNS로 피해자에게 쉽게 접근할 수 있는 데다가 자연스럽게 신상도 노출되니 이런 일이 드물지 않게 일어난다고 하네요. 외로움을 이용해 마음을 얻고 사랑을 담보로 돈을 갈취한다는 점에서 매우 잔인하지요. 홍콩에서는 60대 사업가에게 접근해 4년 동안 약 260억 원을 갈취한 SNS 사기꾼이 화제가 되기도 했지요.

영화 〈트루 시크릿Who You Think I Am〉에서도 이러한 SNS 사랑이 등장합니다. 클레르는 혼자 아이 둘을 키우는 당당하고 멋진 불문과 교수죠. 그녀에게는 어린 애인이 있지만, 그는 일 때문에 멀리 떠납니다. 클레르는 그의 소식을 듣기 위해 그와 같이 지내는 사진작가인 알렉스의 페이스북에 접근하기로 하죠. 그녀는 가짜 계정을 만들고 알렉스와 친분을 쌓기 위해 24살의 가상 인물 클라라가 됩니다. 한 번도 본 적 없는 그들은 이내 사랑에 빠지고, 알렉스는 클라라를 만나러 그녀가 있는 곳으로 옵니다. 반가운 마음에 클레르가 알렉스에게 다가가지만 정작 알렉스는 현실의 클레르가 아닌 SNS 속의 클라라를 찾지요. 자신의 눈앞에서 클라라를 찾는 알렉스를 보면서 클레르는 절망에 빠집니다.

알렉스가 만난 적도 없는 클라라에게 쉽게 빠질 수 있었던 것은 교묘하게 꾸민 사랑을 속삭이는 말과 아름다운 얼굴 때문이었죠. SNS 시대에서는 이 모든 것이 가능합니다. 프로필 사진을 멋지게 보정해 걸어두는가 하면, 자신이 아닌 누군가의 사진을 걸어두기도 하지요. 대부분 자신을 상징하는 이미지로 활용하지만 잘못된 목적을 가지면 결국 현실에서 문제를 일으키게 됩니다. 상대방을 현혹하고 이용하기도 하며, 더 나아가 마음을 뺏고 이용해 돈을 갈취하는 로맨스 스캠으로 이어지기도 합니다.

교묘한 말과 아름답게 꾸민 얼굴은 인仁한 자가 드물다.*

공자가 이렇게 말한 것은, 목적이 있는 꾸밈은 순수할 수 없기 때문입니다. 교묘한 말과 아름답게 꾸민 얼굴만큼 마음도 아름답고 영혼도 깨끗하다면 얼마나 좋을까요? 프로필에 걸어둔 모습처럼 마음까지 아름답다면 더없이 좋겠죠. 상대를 신뢰하는 마음을 이용해 범죄를 저지르는 것은, 사랑하는 마음을 이용했다는 점에서 더 가슴이 아픈 SNS 시대의 불편한 단면입니다.

* 『논어』「학이」

정의를 위해서

바른 것이 기이한 것이 된다

正復爲奇 정부위기

한국을 강타했던 책 『정의란 무엇인가 Justice: What's the Right Thing to Do?』는 출간 당시 미국에서 10만 부 정도 판매되었지만 한국에서는 2010년 한 해에 100만 부가 팔렸고, 지금까지 200만 부 이상 팔린 베스트셀러입니다. 한국은 늘 정의에 목말라 있죠. 어디서든 정의를 내세웁니다. 전두환 정권 때 동네 파출소에도 걸려 있던 "정의사회구현"이라는 슬로건과 김영삼 대통령이 취임사에서 말한 "정의가 강물처럼 흐르는 사회"란 구절도 떠오르네요. 과연 그때가 정의로웠나요? 저자인 마이클 샌델은 행복과 자유, 미덕이 정의를 판단하는 기준이라고 말합니다. 즉 정의는 사회구성원의 행복에 도움이 되는지, 자유를 보장하는지, 좋은 영향력을 미치는지 판단한다는 것인데요. 과연 우리의 정의는 어떨까요?

영화 〈소셜포비아〉에서는 정의를 외치는 한 BJ가 나옵니다. 화려한 옷에 헤어밴드를 하고 교정기를 낀 BJ 양게는 과장된 표정과 자극적인 말씨로 실시간 방송을 하죠. 그는 자살한 군인에게 악플을 단 네티즌 레나와의 현피를 생중계한다며 사람들을 모읍니다. '현피'란 현실과 플레이어 킬player kill의 합성어로, 온라인에서 만난 사람들이 실제로 만나 싸우는 것을 말하죠. 그들이 내세운 현피의 이유는 "정의를 위해서!"였습니다. BJ 양게는 비장한 표정으로 정의를 외치죠. 영화에서는 SNS 속의 악플, 혐오, 부추김과 동조, 익명 뒤에 숨어 있는 왜곡된 욕망 등이 펼쳐집니다. 그럼에도 그들은 정의와 진실을 들먹이지요.

사전에서는 정의를 "진리에 맞는 올바른 도리"라고 설명합니다. 하지만 이러한 정의는 빛바랜 지 오래되었습니다. 우리는 누군가 정의를 말하면 그 내면에 감춰진 욕망이 무엇인지 보려고 하죠. 노자는 이렇게 말합니다.

> 바른 것이 기이한 것이 되고 선한 것이 사스러운 것이 되니, 사람들이 미혹된 것이 진실로 오래되었구나.*

* 『노자』 58장

노자의 말처럼 잘못된 일을 하면서도 정의와 진실로 포장하고 호도하는 사람들이 많은 세상입니다. 교활하고 악랄하며 비뚤어진 세상에서는 기이한 것이 정의로, 괴이한 것이 선의 이름으로 칼을 휘두르죠. 찰리 채플린은 "인생은 가까이서 보면 비극이지만 멀리서 보면 희극이다."라고 말했습니다. 부끄럼 없는 그들의 행동이야말로 비극이면서 희극 아닐까요? 정의의 이름으로 가려도 불의는 불의입니다. 우리가 목말라 하는 정의는 진실과 사랑을 토대로 모두의 행복과 자유가 전제되어야 하죠. 진정한 정의는 그렇게 시작됩니다.

말의 무게를 아세요?

입은 좋은 말을 내기도 하지만 전쟁을 일으키기도 한다

惟口出好 興戎 유구출호 흥융

같은 말이라도 화자와 상황, 뉘앙스에 따라 감동과 공감을 일으키는가 하면 분노와 갈등의 요인이 되기도 합니다. 말은 언제 어디서 어떻게 쓰느냐에 따라 그 무게가 달라지지요. 말은 사람의 능력과 마음을 그대로 드러내기에 늘 조심해야 합니다.

탁월한 능력과 뛰어난 인품, 남과 하나 되는 덕[德]을 지님으로써 천자가 된 순임금은 요임금에게서 천하를 선양받을 때 '윤집궐중允執厥中'이라는 네 글자를 받았죠. 이는 "진실로 그 중용의 도를 잡아라."라는 뜻으로, 모든 백성에게 딱 알맞게, 올바르고 합당한 정치를 행할 것을 당부하는 말입니다. 한데 순임금은 후계자인 우에게 천하를 선양할 때 그 앞에 12글자를 덧붙여 다음과 같이 말합니다. '인심유위人心惟危 도심유미道心惟微 유정유일惟精惟一 윤집궐중允執厥中'이 그것이죠. 이 말은 "사람의 마음은 위태로운 반면, 하늘이 준 마음인 도심은 미미해서 잘 보이지 않으니, 통치자는 오직 그 마음을 정밀하게 하고 한결같이 해, 그 중용의 도를 잡아라."라는 뜻입니다. 여기서 도심은 '바르고 착한 길을 따르는 하늘 마음'을 뜻합니다. 통치자가 자신의 마음을 바르게 할 때 백성들 역시 바르게 다스릴 수 있음을 말한 것이죠.

그렇기에 순임금이 우禹에게 천하를 선양하면서 당부한 것은 바로 '말'이었습니다. 말 한마디로 백성을 도탄에 빠뜨리고 불안에 떨게 할 수 있다는 것이었죠.

입은 좋은 말을 내기도 하지만 전쟁을 일으키기도 한다.*

이것은 지도자가 가진 말의 무게를 말합니다. 사람의 마음은 늘 변합니다. 오늘 다르고 내일 다르죠. 그 마음이 곧 말이 되니 말을 조심하지 않으면 잘못될 수도 있지요. 특히 통치자의 말은 나라 전체에 미치기 때문에 국민을 살리는가 하면 죽이기도 하고 나라를 망하게도 합니다. 이 모든 것이 마음에서 비롯된다는 것,

* 『서경』「우서」'대우모'

순임금이 우에게 '유정유일'함으로써 마음을 바르게 할 것을 당부한 이유기도 합니다. 깨끗하고 순정한 마음을 한결같이 하는 것이야말로 말보다 먼저 갖춰야 할 조건이라는 것이죠.

통치는 말에서 시작됩니다. 말의 힘과 영향력이 국민의 신뢰로 돌아온다는 점에서 무엇보다 말을 이루는 통치자의 마음은 중요하죠. 순임금이 통치자의 입을 특별히 당부한 이유입니다. "말과 물은 다시 주워 담을 수 없다."라는 속담도 있지만, 오늘날에는 영원히 남기도 합니다. 깊이 생각한 후 말할 때 신뢰가 덤으로 따라온다는 것, 누구나 명심해야 할 부분입니다.

말의 흠은 지울 수 없어요

말은 어눌하게 하며 행동은 민첩하게 해야 한다

訥言敏行 눌언민행

우리는 지금 말의 홍수 속에서 살고 있습니다. 그중에는 힘이 되거나 따뜻한 말도 많지만, 귀를 닫고 싶은 말도 많습니다. 특히 익명성을 빌려 함부로 판단하고 조롱하며 윽박지르고 왜곡해 잘못된 정보를 양산하고 확산시키는 사람들도 많지요. 그 말이 자신에게 돌아오는 부메랑이 되어 자신을 옥죌 수도 있는데, 그것을 의식하지 않아 안타깝기도 합니다. 천지사방에 있는 CCTV는 나의 일거수일투족을 기록하고, 메일이나 문자, SNS는 내 자취를 그대로 담고 있으며, 통화 역시 언제든 되새길 수 있어 감추거나 숨기거나 바꿀 수 없지요. 이 때문에 무엇보다 말과 글을 조심해야 합니다.

공자는 말을 함부로 하거나, 꾸며서 잘 보이려 하거나, 교묘하게 속이거나, 말재주가 뛰어나 부풀려 말하거나 아첨하는 자를 '향원鄕原' '교언영색자巧言令色者' '영인佞人'이라며 꾸짖죠. 공자는 이렇게 말합니다.

> 말은 어눌하게 하며 행동은 민첩하게 해야 한다.*

즉 한마디의 말도 조심해서 내뱉어야 하며, 이미 내뱉은 말에 대해서는 머뭇거리지 않고 바로 행동으로 옮겨야 한다는 것이죠. 이렇게 '언행일치言行一致'가 이루어질 때 그 말은 매우 힘이 있고 신뢰를 얻게 됩니다.

공자의 조카사위인 남용南容이 그랬습니다. 그는 매일 〈백규白圭〉라는 시를 거울로 삼아 반복해서 외웠지요. "백규의 흠은 오히려 갈아서 없앨 수 있지만, 내 말의 흠은 갈아낼 수 없다네."** 옥으로 만든 백규는 임금이 사신을 보낼 때 징표로 하사하는 것으로, 흠이 생기기 쉬워서 소중하게 다루죠. 그럼에도 표면에 흠이 생긴다면 그 부분을 갈아서 없앨 수 있습니다. 하지만 말은 그럴 수 없

* 『논어』「이인」

** 『시경』「대아」 '억'

지요. 한 번 뱉은 말은 돌이킬 수 없습니다. 남용은 말의 무서움을 알아서 조심하고 신중했기에 말로 인한 실수를 저지르지 않았죠. 그가 "도道 있는 나라에서는 쓰이고, 도 없는 나라라 할지라도 형벌을 면할 수"* 있었던 이유입니다. 신중하게 말하고 실천으로 이어지니 바른 나라에서는 당연히 등용되고, 도가 없는 혼란한 나라에서는 흠을 잡을 수 없으니 형벌을 받지 않습니다. 모든 것이 드러나는 오늘날, 말과 글을 신중하게 하는 것은 자신의 길을 만드는 출발이기도 합니다.

* 『논어』「공야장」

행동으로 보여주세요

고요할 때는 말을 잘하지만 등용된 후에는 어긋난다

靜言庸違 정언용위

인터넷 기사에 달리는 댓글만 보면 이 세상엔 정의와 빛의 사도들이 참으로 많습니다. 기사마다 잘잘못을 따지고 질타하고 인성을 나무라는 것을 볼 때면 얼마나 바른 사람들일까 궁금해지죠. 그런데 인성을 중시하면서 남을 무시하고 조롱하며 욕설을 쓰는 댓글을 보면 그들이 말하는 인성이 과연 무엇인지 궁금해집니다. 물론 너무나 화가 나서 그럴 수 있겠다고 이해하면서도 왜 남의 인성을 탓하기 전에 자신의 글에서 풍기는 악취를 맡지 못할까 싶지요. 쓴 사람의 얼굴이 보이지 않아도 향기 나는 글이 있거든요. 혹 자신을 전지적인 신이라고 착각해 모든 사람들을 판단하는 건가 싶기도 합니다. 그렇기에 자신은 보지 못하고 비난만 일삼는 것은 아닐는지요? 어쨌든 바름을 기준으로 남을 지적하는 사람들이 많다는 점에서 우리 사회는 충분히 옳은 방향으로 변화할 것 같은데, 안타깝게도 현실은 그렇지 않습니다.

'말보시' '입보시'라는 말이 있습니다. 보시布施는 보살菩薩의 실천 덕목으로 '널리 베푼다'는 말인데, 그것을 말로만 한다는 것이죠. 말은 바르지만 행동하지 않고 실천이 없을 때, 일은 어그러질 수밖에 없습니다.

요임금이 자신과 함께할 자를 고민할 때 환두驩兜가 공공共工을 추천합니다. 그 이유는 일을 잘 처리하고 공을 잘 이룬다는 것이었죠. 그러나 요임금은 단호히 거부합니다.

> 에이! 일이 없거나 고요할 때는 말을 잘하지만 막상 등용되어 쓰일 때는 말과 행동이 어긋나고, 외모는 공손한 모습을 갖추고 있지만 하늘을 업신여긴다.*

요임금의 말대로 공공은 바른 말을 잘했지만 말뿐이었고, 정작 행동하지 않는 자였습니다. 말과 행동이 다른데 신뢰받을 수 없겠지요.

* 『서경』「우서」'요전'

기사마다 정의를 외치며 욕설을 내뱉는, 정의와 인성에 목마른 사람들이 실제로도 자신의 글처럼 행동하고 실천한다면 댓글로 분노하지 않아도 되는 세상이 되지 않을까요? 실천되지 않는 말은 소음일 뿐이고 세상을 어지럽힙니다. 자신이 원하는 바른 세상은 댓글로 분노를 배설하는 것이 아닌, 행동할 때 이루어진다는 사실을 안다면 먼저 자신의 글부터 바르게 해야 하지 않을까요? 안팎이 다른 '표리부동表裏不同'은 세상을 어지럽힐 뿐입니다.

어떻게
사랑이 변하니?

마음이 있지 않으면 보아도 보이지 않는다

心不在焉 視而不見 심부재언 시이불견

"라면 먹고 갈래요?" 2001년에 상영된 영화 〈봄날은 간다〉에 나오는 대사입니다. 지방방송국 PD이자 아나운서인 은수와 사운드 엔지니어링을 하는 상우는 일 때문에 만나, 서울과 강릉이라는 거리에도 불구하고 사랑에 빠지지요. 가깝지 않은 그 거리를 밤새 달려 만나는가 하면, 부부가 합장된 묘 앞에서 "나중에 우리도 죽으면 저렇게 같이 묻힐까?"를 묻기도 합니다. 하지만 영원할 것 같던 사랑도 어느 순간 지구와 달의 거리만큼 멀어지죠. 어색해진 시선과 머뭇거리는 손길에서 서로의 마음을 알아차립니다. 상우는 혼돈에 빠져 묻지요. "어떻게 사랑이 변하니?"

봄날이 가듯 사랑도 변합니다. 아니 사랑이 아니라 사람이 변하는 것이죠. 사랑에 빠져 있을 땐 생각조차 못 하지만, 사랑의 감정이 식으면 점차 그동안 보이지 않던 것이 보이고, 마음의 벽이 두꺼워져 자유롭게 넘나들던 상대방의 마음을 차단합니다. 영화 속에서도 은수는 그렇게 멀어지고 상우는 방황하지요.

오류선생五柳先生이라 불렸던 은둔시인 도연명陶淵明은 시 〈음주飮酒〉에서 마음의 거리에 대해 이렇게 노래합니다.

오두막집 짓고 사람들과 함께 살아도, 결려재인경結廬在人境
수레의 시끄러운 소리 들리지 않네. 이무거마훤而無車馬喧
그대에게 묻노니 어찌 그럴 수 있죠? 문군하능이問君何能爾
마음 멀어지면 사는 땅은 절로 외진다오. 심원지자편心遠地自偏

이처럼 마음의 문이 닫히면 저잣거리에 있어도 시끄러운 소리조차 들리지 않습니다.

> 마음이 있지 않으면 보아도 보이지 않으며, 들어도 들리지 않으며, 먹어도 그 맛을 모른다.*

* 『대학』 전7장

이 말처럼 우리의 모든 것은 마음 여하에 따라 움직입니다. 마음이 없으면 눈앞에 있어도 보지도 듣지도 못하고 먹어도 맛조차 모르죠. 마음을 다잡아둬야 비로소 보고 듣고 느끼고 알게 되는 것입니다.

봄날이 가듯 마음도 변하고 사랑도 갑니다. 하지만 떠나지 못하고 머물러 있는 사람도 있지요. 상우의 할머니는 치매에 걸린 채로 먼 옛날 떠난 할아버지를 기차역에서 기다립니다. 그 기차역에서 상우는 깨닫지요. 사랑이 가도 자신의 마음은 잡을 것, 상우가 떠난 사랑으로부터 자유로워진 이유입니다.

명성에 걸맞은 옷

명성이 실상보다 지나친 것을 군자는 부끄러워한다

聲聞過情 君子恥之 성문과정 군자치지

언젠가 남들이 자신을 '국보'라고 칭한다는 한 강연자를 만났습니다. 그는 남들의 이 말이 부끄럽다고 했지요. 그때 전 속으로 생각했습니다. '그 말이 부담스럽고 부끄러우면 하지 말지, 왜 하는 걸까?'

예전에 자칭 국보였던 분이 생각났습니다. 무애[无涯] 양주동 박사입니다. 그는 영문학을 전공한 국문학자로, 향가[鄕歌] 및 고가[古歌]를 연구했고, 영문 시를 번역하는가 하면 에세이를 출판하기도 했습니다. 명석한 데다 하나에 몰두하면 그치지 않고 파고들었기에 수많은 학문적 업적을 쌓았지요. 이 때문에 늘 자신에 차 있고 말과 행동에 거침이 없었습니다. 그래서 모두 그를 기인奇人으로 여기곤 했습니다.

우리나라에서는 겸양과 겸손을 미덕으로 여겨 스스로 자신을 높이면 도리어 인정받지 못하는 경우가 많습니다. 스스로 높이는 것을 무례하다고 여기기 때문이죠. 양주동 박사도 그랬습니다. 그가 자신을 국보의 지위에 올려놓자 속물이라고 하찮게 취급하는 사람도 있었죠. 1903년생인 그는 일제를 겪으면서 대단한 업적을 이루었지만, 국보임을 자청한 이후에는 학계에서 비웃음을 사기도 했습니다.

다행히 앞서 말한 강연자는 타칭 국보였습니다. 그러나 굳이 자신을 누군가의 말 위에 세우지 않고, 누구나 느낄 수 있고 인정할 수 있게 강의하고 행동한다면 보다 많은 사람들이 자연스레 국보로 여기고 존경하지 않을까요? 명성과 실상이 일치할 때 붙여진 수식어는 그 사람의 것이 되어 신뢰를 얻게 됩니다. 맹자는 이렇게 말하죠.

> 명성이 실상보다 지나친 것을 군자는 부끄러워한다.*

사람들은 자신이 생각하는 모습으로 남들에게 인정받기를 원

* 『맹자』「이루 하」

합니다. 그런데 그것은 자신이 생각하는 모습만큼의 실천과 노력이 따를 때 주어지는 선물이죠. 만약 실천과 노력 없이 명성을 얻은 뒤 명성에 취하게 되면 자칫 자신을 잃게 됩니다. 명성을 얻고자 한다면 실제 모습 역시 그에 걸맞아야 하는데, 그에 미치지 못하면 신뢰를 잃고 위선자로 몰려서 명성 역시 아침이슬처럼 사라지고 말지요. 말부터 앞세우는 것이 아니라 명성에 맞는 실상을 먼저 갖추는 것, 그것이 명성에 대한 예의이며 인정해주는 사람들에 대한 보답일 것입니다. 명성에 맞는 실상을 갖출 때 직접 자신의 입으로 말하지 않아도 모두가 인정해주지 않을까요? 강의를 들으면서 줄곧 누구나 인정할 진짜 국보를 만나고 싶다는 생각이 떠나지 않았습니다.

꿈꾸는 세상을 위해

교묘하게 꾸민 말은 덕을 어지럽힌다

巧言亂德 교언난덕

'그레타 효과'는 스웨덴에 사는 소녀 그레타 툰베리Greta Thunberg로 인해 생긴 용어입니다. 2019년에 '골든 카메라상 기후보호특별상' '제15회 레이첼 카슨상' '바른생활상'을 받은 10대의 환경운동가 그레타는, 2018년에 "기후를 위한 등교 거부"라고 쓰인 팻말을 들고 스웨덴 국회의사당 앞에서 1인 시위를 했습니다. 많은 10대들이 환호했고 노벨 평화상 후보에까지 올랐었죠. 2019년 9월 23일 유엔 기후행동 정상회의에서는 학교에 있어야 할 자신이 여기에 있는 것은 지켜지지 않은 빈말이 자신의 꿈과 어린 시절을 빼앗았기 때문이라며, 돈과 경제성장의 신화만 말하는 각국의 정상들을 향해 호통쳤습니다.

그레타의 말에 수많은 어른들이 부끄러워했지요. 입만 열면 '세계를 위하고' '환경을 생각하고' '찬란한 미래를 약속하는' 어른들이, 환경오염과 수질오염으로 살기 힘든 세상이 되었는데도 돈 앞에서 입을 다물고 있었기 때문이죠. 그레타는 그것을 '지키지 못하는 빈말'이라며 말만 하는 자들의 위선을 꼬집었습니다.

> 교묘하게 꾸민 말은 덕德을 어지럽힌다.*
>
> 교묘한 말과 아름답게 꾸민 얼굴은 인仁한 자가 드물다.**

공자는 화려한 언변과 아첨하는 얼굴로 무장한 자들이 뱉어내는 무책임한 말에 일갈합니다. 아름답게 꾸민 말은 사람들을 현혹하지만 찬찬히 살펴보면 빈말일 때가 많습니다. 그럼에도 이들은 언변으로 지위와 명예와 부까지 얻고 언론과 여론을 흔들며 매혹적으로 다가오죠.

말이란 실천할 때 빈말이 아닌 진정한 말이 됩니다. 빈말은 신뢰를 떨어뜨려 서로 믿지 못하는 세상을 만들죠. 그레타가 분노하며 1인 시위를 하고, 어른들에게 호통을 친 이유입니다. 공자는

* 『논어』「위령공」

** 『논어』「학이」

"말 잘하는 사람을 미워한다."[*]라고 말합니다. 말 잘하는 사람이 실천까지 잘했다면 과연 그렇게 말했을까요? 말은 행동으로 옮겨야 그 값이 높아집니다. 세상이 말값 하는 사람을 원하는 이유는 그런 사람이 너무나 드물기 때문이겠죠. 부디 그레타가 지금의 명성에 취하지 않고 잘 자라서 마스크를 쓰지 않고도, 환경운동을 하지 않고도, 학교에서 꾼 꿈을 펼치는 날이 왔으면 좋겠습니다. 그런데 이것은 그레타 혼자가 아니라 우리 모두가 힘을 모을 때 가능합니다. 말이 실천되어 자연과 함께하는 삶에 눈뜨는 것, 지구와 우리가 사는 길이 될 것입니다.

* 『논어』「선진」

사람만이 바뀔 수 있습니다

:

군자가 지나가는 곳은 교화된다

夫君子 所過者化 부군자 소과자화

흔히 "사람은 변하지 않는다."라고 말하죠. 또 "사람이 변하면 죽을 때가 된 거야."라고도 합니다. 그만큼 사람이 변하는 것은 어렵다는 말입니다. 그런데 변하지 않는다면 사람일까요? 좋은 쪽으로든 나쁜 쪽으로든 변할 수 있어야 사람이죠. 가끔 "저 사람이 그 사람이야?" 할 정도로 변하는 사람이 있습니다. 그 변화를 생각하면 그가 보이지 않는 곳에서 얼마나 노력했을지, 얼마나 힘들었을지 그려집니다. 하지만 대부분의 경우 노력도 노력이지만, 환경에 의해서 사람을 통해서 변화되는 경우가 많지요.

모두가 잘 아는 『레 미제라블Les Miserables』의 장발장Jean Valjean이 그렇습니다. 장발장은 빵 하나를 훔친 죄로 형무소에서 19년을 복역했지만 또다시 성당에서 도둑질을 했죠. 그때 사제의 너그러움이 없었다면 그가 스스로 새로운 삶을 살기 위해 결심할 수 있었을까요? 사제의 용서와 포용은 장발장을 완전히 다른 사람으로 탈바꿈시킵니다. 결국 사람을 변화시키는 것은 사람입니다. 말이 아닌 삶과 행동으로 보여줄 때 그를 만난 사람들은 자신을 돌아보고 비춰보며 부끄러움과 반성을 통해 스스로를 바꾸게 되지요.

2010년 1월에 세상을 떠난 이태석 신부도 그랬습니다. 수단[Sudan]의 슈바이처로 불리는 그는 2001년 의사로서의 삶을 버리고 신부가 되어 아프리카 수단의 톤즈[Tonj]로 갑니다. 그곳은 오랜 내전으로 사람들의 몸도 마음도 피폐해져 웃음을 잃은 곳이었죠. 그는 그곳에 학교를 세우고 아이들에게 악기와 노래를 가르쳤으며, 한 번도 치료받은 적 없는 환자들의 병을 치료했습니다. 이태석 신부를 통해 사람다움을 알게 된 그들의 삶은 놀랍게 변화되었죠. 맹자는 이런 사람을 군자라고 부릅니다.

> 군자가 지나가는 곳은 교화되고 머물러 있는 곳은 신묘하게 되니, 윗사람과 아랫사람이 천지와 더불어 하나 되어 흐른다.*

군자의 덕[德]은 그 존재만으로도 세상에 영향을 끼칩니다. 덕은 보이지도 만져지지도 않지만 물에 젖듯 스며들어 다른 사람을 변화시키지요. 군자의 덕으로 변화된 사람은 그 또한 자신과 다른 생각을 인정하고 받아들이는 조화로운 존재가 됩니다. 이것이 공자가 군자의 덕을 바람**과 같다고 한 이유입니다. 덕을 가진 사람 곁에 있게 되면 나 또한 그러한 존재가 되고, 나로 인해 다른 사람도 변화한다면 하늘과 땅까지 협력하지요. 결국 세상을 변화시키는 것도 사람이고, 사람을 변화시키는 것도 사람입니다. 사람만이 할 수 있는 이 일이 우리 모두의 일이 되었으면 합니다.

* 『맹자』「진심 상」

** 『논어』「안연」

의무와 당연함의 차이

:

이익을 따라 행동하면 원망이 많다

放於利而行 多怨 방어리이행 다원

유대인들이 사용하는 히브리어에는 베푼다는 뜻의 '자선[Charity]'이라는 단어가 없다고 합니다. 대신 '해야 할 당연한 행위'를 의미하는 '체다카[Tzedakah]'란 단어가 있다고 하네요. 자선은 나에게 있는 것을 남에게 나누는 행위를 말하죠. 손을 펴서 자신의 것을 나눈다는 점에서 특별하게 여겨 학교와 사회에서 권장하기도 합니다. 그런데 자선은 바로 그러한 특성 때문에 주는 사람과 받는 사람, 베푸는 사람과 도움받는 사람으로 나뉩니다. 알게 모르게 위계가 생기기도 하는데, 이 때문에 자선에 대해 비판적으로 보는 눈도 있지요. 한데 선행이 누군가에게 베푸는 것이 아니라 당연한 의무가 되면 얘기가 다릅니다.

얼마 전 청송에 있는 주왕산周王山에 갔었습니다. 가이드는 주왕산은 간단하게 소개하면서 그곳에 집성촌을 이룬 청송 심씨에 대해서는 자세히 설명했습니다. 세종비 소헌왕후, 명종비 인순왕후, 경종비 단의왕후 등 3명의 왕비를 배출해 종묘에 위패를 모시는 인물을 낸 명문가라는 것이죠. 특히 청송의 상징인 송소고택은 송소松韶 심호택의 99칸짜리 고택으로, 그의 후손들은 9대 간 대를 이어 만석의 부를 지녔다고 하네요. 그들은 그 부를 자신의 것으로 여기지 않고 100리 안에 있는 사람들의 삶을 책임졌습니다.

과거 우리네 조상들은 부자는 하늘이 내려준 것이라고 여겼죠. 따라서 혼자 잘 사는 것이 아니라 주변까지 챙기는 것을 당연하다고 여겼습니다. 부자들은 지나가는 과객이 쉬어가도록 기꺼이 방을 내주었고 굶주리는 사람들의 끼니를 챙겼습니다. 그들은 자신의 것을 나눠주는 일을 당연한 행위로 여겼던 것이죠. 물론 주어진 부를 자신만의 것이라 여겨 분에 넘치는 영화와 사치를 누리던 자들도 있었지만, 그들은 오래 가지 못했습니다. 국가에 재난이 닥치면 주변 사람들에게 가장 먼저 공격을 당했지요. 그동안 행했던 무시와 경멸, 착취가 부른 화인 것이죠. 자신의 부를 따르는 것이 무슨 잘못이냐 하겠지만, 이익만을 추구한다면 그것은 누군가에겐 피눈물 나는 것이 될 수도 있습니다. 공자는 말하죠.

이익을 따라서 행하면 원망이 많다.*

자신에게 주어진 부를 나누는 것은 말처럼 쉽지 않습니다. 누구나 노력한 만큼, 아니 더 많이 소유하고 싶고 유지하고 싶은 것이 사람이죠. 하지만 그 무엇도 자신의 힘만으로 얻어진 것은 없습니다. 하늘이, 땅이, 기후가, 주변이 함께했기에 얻을 수 있었던 것이죠. 흔히 우주의 기운이 도왔다고 말하는데, 그렇기에 가진 자는 기꺼이 누군가를 위해 행동해야 합니다. 유대인들이 누군가를 돕는 것을 당연한 행위로 여긴 이유입니다.

* 『논어』「이인」

인생
문장

4부

내면

최고의 교육

말하지 않고도 가르치다

不言之教 불언지교

일본 최고의 초밥집 '스키야바시 지로すきやばし次郎'가 2020년부터 미슐랭 가이드에서 제외된다고 합니다. 13년 연속 미슐랭 가이드 3스타였던 이 초밥집에 무슨 일이 생긴 걸까요? 이유는 식당이라면 누구나 식사할 수 있는 곳이어야 하는데, 이곳은 더 이상 일반인의 예약을 받지 않는다는 것이죠. 주방장 특선 코스가 4만 엔부터 시작하는 그의 초밥은 예전부터 높은 가격에도 늘 예약이 차 있었다고 하니, 누구나 식사하긴 어려운 곳입니다.

바로 이러한 최고의 초밥은 90대인 스시 장인 오노 지로小野二郎의 손끝에서 탄생합니다. 1925년생인 그는 현재까지 일하며 손맛을 잃지 않기 위해 여름에도 장갑을 끼고, 미각을 위해 커피도 마시지 않는 등 오로지 초밥을 위해 평생을 살았다고 하네요. 이 때문에 그의 초밥은 많은 미식가들에게 '죽기 전에 꼭 먹어야 할 음식'으로 꼽힙니다. 그에게 최고의 명인이 되는 길을 묻자, 그는 일과 사랑에 빠져야 한다고 말합니다. 매일 변함없는 마음으로 한결같이 일하고 한순간도 멈추지 않고 일을 생각하며 기술 연마를 멈추지 않는 것, 그것이 성공의 비결이며 명예롭게 사는 길이라는 것이죠. 그렇게 그는 오로지 초밥 하나로 일본 최고라는 명예를 얻었습니다.

이러다 보니 많은 사람이 그에게 초밥을 배우기 위해 찾아온다고 합니다. 그런데 그는 적어도 20년을 배워야 제대로 된 초밥을 만들 수 있다고 말하죠. 초밥 하나에 20년이라는 시간을 들여야 한다니, 빠르게 변하는 오늘날 가능한 일인가요? 어찌 보면 초밥은 간단한 요리인데 어째서 20년이나 공을 들여야 할까요?

그는 정말 중요한 것은 당장 초밥을 만들 수 있는 레시피나 기술이 아니라 초밥을 만드는 한결같은 자세와 정신이라고 말합니다. 자세와 정신까지 올곧이 가르치기 위해 그는 말하지 않고도 가르치고* 배우는 것을 교육의 핵심으로 삼았습니다. 아무리 말하고 세세하게 가르쳐도 상대가 배우려 들지 않으면 가르침은 불

* 『노자』 43장

가능합니다. 배움이란 배우려는 자가 스스로 걸어야 하는 길입니다. 스스로 배워서 터득할 때 배움은 자신의 것이 되고 스승을 뛰어넘어 자기만의 길을 갈 수 있지요. 이를 위해 스승은 말보다 행동으로 먼저 보여줘야 합니다. 한결같은 성실함과 올곧은 마음으로 초밥을 만들고, 항상 최고를 지향하며 손님에게 가장 귀한 것을 대접하는 마음을 보여주는 것이야말로 최고의 가르침입니다. 이것이 말하지 않고도 가르치고 배우는 것으로, 초밥 하나를 제대로 만드는 데 20년이 걸리는 이유입니다.

가르침을 알려드립니다

:

가르침은 배움의 반이다

惟斅學半 유효학반

코로나19의 영향으로 전 세계에서 온라인 강의가 시행되고 있습니다. 선생님들은 동영상을 제작하기도 하고, 화상회의 프로그램을 이용해 컴퓨터 앞에서 실시간으로 수업을 하기도 하죠. 이 모든 것은 처음이라 낯설고 힘들지만 피할 수 없는 현실입니다.

그런데 사실 인터넷 속에서는 이미 수많은 수업이 다양한 플랫폼에서 진행되고 있었지요. 전문지식을 바탕으로 한 깊이 있는 강의뿐 아니라 전문지식을 재밌고 이해하기 쉽게 푼 강의도 있고, 흥미롭게 제작된 영상도 많았습니다. 삶에 필요한 실용적 지식도 인터넷 속에 있었죠. 배우려는 의지만 있다면 언제 어디서 무엇이든 쉽게 배울 수 있는 시내가 되었습니다.

그중 몇몇 강의를 들어보았는데, 선생님이 자신의 전문지식을 어떻게 활용하느냐에 따라 구독자들은 계속 강의에 머물러 있기도 하고 금방 자리를 뜨기도 했습니다. 가르치는 자가 자신이 배운 것을 제대로 소화해 쉽게 풀어낼 때 배우는 자 역시 호응함을 알게 되었습니다. 구독자가 많은 선생님들은 가르치기 위해 자신을 내놓음으로써 자신의 시행착오나 잘못과 실수, 실패까지 배움으로 승화시켰고, 구독자가 쉽게 기억하고 배울 수 있도록 했죠. 즉 가르치는 과정을 통해 진정한 배움이 일어나고, 가르침과 배움은 태극처럼 서로를 성장시킴을 확인할 수 있었습니다.

"가르치고 배우면서 서로를 성장시킨다."*라는 뜻의 '교학상장教學相長'을 많이 들어보셨을 거예요. 가르침은 제자뿐 아니라 스승도 성장시킨다는 말이죠. 전체 내용은 아래와 같습니다.

> 좋은 안주가 있더라도 먹어봐야 그 맛을 알 수 있듯이, 지극한 진리가 있더라도 배우지 않으면 왜 좋은지 알지 못한다. 이 때문에 배운 후에 자기의 부족함을 알 수 있으며, 가르쳐본 후에 비로소 어려움을 알게 된다. 즉 가르치고 배우면서 함께 성장한다.

* 『예기』「학기」

이처럼 배움은 자신의 부족함을, 가르침은 그 어려움을 알게 합니다. 은나라의 명재상 부열傅說 역시 배움에 목말라 하는 고종高宗에게 강조합니다.

가르침은 배움의 반이다.*

늘 배우고자 노력하는 왕에게 부열은 오히려 가르침의 중요성을 들어, 왕이 배움에 모범이 된다면 백성에게 영향을 미치고 가르침까지 행해 자신도 모르는 사이에 덕德이 닦여진다고 말합니다. 즉 진정한 배움은 행동과 실천으로 드러나 자연스레 영향을 미치며 배우는 경지에 이르게 되죠. 지금 수많은 플랫폼에서 가르침을 행하는 사람들도 그것을 통해 자신을 돌아보고 또 다른 배움까지 이루지 않을까요? 이것이 진정한 가르침일 것입니다.

* 『서경』「상서」 '열명 하'

마음이 합니다

:

모든 현상은 오직 마음에서 일어난다

三界唯心 삼계유심

원효대사 하면 떠오르는 가장 유명한 일화는 해골에 담긴 물을 마시고 깨달음을 얻은 것이죠. 불교가 날로 번성하던 당시 원효는 인기를 한몸에 받던 스타 승려인 의상과 함께 당나라로 길을 떠났습니다. 어둠이 내려 어쩔 수 없이 노숙하게 되었죠. 잠결에 목이 말라서 손에 잡힌 물을 시원하게 마셨는데 날이 밝고 보니 해골에 담긴 물이었다는 이야기, 모르는 사람이 없을 겁니다.

그 뒤 의상은 당나라로 가지만 원효는 신라로 돌아옵니다. 모든 것은 마음에서 일어남을 깨달았기 때문이죠. 원효는 깊은 깨달음을 얻고 이렇게 말합니다.

> 마음이 생겨나므로 갖가지 법이 일어나고, 마음이 멸하므로 감실龕室과 무덤이 둘이 아님을 알겠도다. 또한 삼계三界는 오직 마음이요, 모든 법은 오직 인식일 뿐이니, 마음 밖에 법이 없는데 어찌 따로 구할 필요가 있겠는가.*

그 유명한 '일체유심조一切唯心造', 즉 "이 세상 모든 일은 마음먹기에 달려 있다."란 말이 여기에 있습니다. 그런데 마음은 어디로 갈지 모릅니다. 공자는 이렇게 말하죠. "마음이란 잡으면 보존되지만 놓으면 없어지며, 드나드는 때가 없고 어디로 가는지 알지 못하니, 오직 마음을 두고 하는 말이다."** 마음은 잡았다고 해서 잡히지 않고 찰나에도 우주를 한 바퀴 돌기에, 우리는 이 마음을 붙잡고 다스리려 노력합니다.

하지만 오늘날 우리를 둘러싼 환경은 마음보다 외모 가꾸기가 훨씬 강조되고 있지요. 사람을 볼 때 가장 먼저 외모가 눈에 들어오다 보니 나이와 계층을 불문하고 외모를 그 사람으로 여깁니다. 하지만 외모도 마음에 의해 좌우된다는 것을 아시나요? 마음을 어떻게 다스리냐에 따라 외모 역시 달라지죠. 타고난 생김새는 변하기 어렵지만, 마음에 따라 인상이 만들어지고 그 사람의 이

* 『송고승전』 권4 「의해」 '당신라국의상전'

** 『맹자』「고자 상」

미지가 만들어지며, 미모도 바뀝니다. 젊었을 때의 생기발랄함은 누구나 비슷하지만 나이가 들면 마음가짐에 따라 외모가 바뀌는 것을 볼 수 있지요. 마음을 다스려 마음의 주인이 되어야 할 이유가 여기에 있습니다.

마음에 따라 보이는 것도 들리는 것도 달라지고, 마음에 따라 걱정과 근심의 무게가 달라지며, 마음에 따라 외모가 달라진다면 마음을 다스리려 하지 않을 사람이 누가 있을까요? 돈 들이지 않고 부작용도 없이 나를 바꿀 수 있고 나이가 들수록 익어간다면 그보다 좋을 수 없겠죠. 이 모든 것을 마음이 합니다. 마음을 다잡아 바르게 보고, 바르게 판단하며, 바르게 행하는 것이 우리가 먼저 해야 할 일입니다.

마음의
근육 기르기

할 수 없었던 것을 하게 하다

曾益其所不能 증익기소불능

“젊어서 고생은 사서도 하라.”라는 속담, 많이 들어보셨을 거예요. 피할 수 있으면 피해야지 고생을 사서까지 할 필요가 있나 싶었는데, 살다 보니 고생이 주는 교훈과 역할은 분명히 있었습니다. 한 치 앞을 알 수 없는 삶을 살다 보면 다양한 일이 많이 일어나는데, 고생으로 인한 깨우침은 그런 일들을 견딜 마음의 근육을 길러주지요. 몸처럼 마음에도 근육이 있어야 생각지 못한 위기나 삶의 곳곳에 숨어 있는 어려움을 이겨낼 수 있습니다.

역사에 남은 인물들의 면면을 보면 순탄한 삶을 살았던 사람이 없습니다. 물론 많은 사람들이 특별한 삶보다는 가늘고 긴 무난한 삶을 살고 싶다고 하죠. 그런데 무난한 삶조차 쉽지 않습니다. 맹자는 큰일을 하게 되는 사람은 하늘이 그를 단련시키기 위해 미리 어려움을 겪게 한다고 보았습니다. 맹자의 말을 들어볼까요?

> 하늘이 장차 큰 임무를 내리려 할 때는 반드시 먼저 그 마음과 뜻을 고통스럽게 하고, 그 힘줄과 뼈를 수고롭게 하며, 그 몸과 살을 주리게 하고, 그 몸을 비게 하고 모자라게 해, 어떤 일을 행함에 그 하고자 하는 바를 어그러지게 하고 어지럽게 하니, 이것은 마음을 분발시키고 성질을 참을성 있게 해 그 할 수 없었던 것을 하게 하려는 것이다.*

하늘은 자기만을 위하는 사람에게 임무를 주지 않습니다. 공동체와 조직의 선을 위해 애쓸 자에게, 큰일을 할 자에게 고통을 견디고 일어설 수 있는 힘을 가지게 해주지요. 먼저 그들을 고통 속에 넣어 그것을 이겨내 지혜롭게 함으로써 나중에 찾아올 어려움을 능히 이겨낼 수 있도록 합니다. 완악한 부모를 둔 순임금이 그랬습니다. 그는 농사, 어업, 도자기 만드는 일 등 온갖 허드렛일을 하면서도 사람들의 신뢰를 얻어 결국 세상을 다스리는 천자가 되지요. 은나라 고종의 사람인 부열은 한때 건축현장에서 노역을 했

* 『맹자』「고자 하」

고, 문왕文王을 도와 주나라를 세우는 데 힘을 쓴 교격膠鬲은 물고기를 잡고 소금을 구웠으며, 제환공齐桓公을 패자로 만든 관중管仲은 옥에 갇혀 죽음을 목전에 두었었고, 초장왕楚莊王 때의 명재상이었던 손숙오孫叔敖는 바닷가에서, 진목공秦穆公을 도운 백리해百里奚는 팔려 다니다 시장에서 등용되었죠. 그들은 하나같이 고난과 고생, 어려움을 겪은 후에 세상에서 쓰입니다.

무엇이든 무난하게 하고 어려움이 없으며 고생 없이 자라면 큰 일을 할 수 있는 힘을 기를 수 없지요. 큰 꿈을 지녔다면 다양한 시련을 이기고 자신을 단단하게 세울 수 있어야 합니다. 힘든 고생을 견디고 헤쳐 단련되었을 때 비로소 자신뿐 아니라 모두를 위한 존재가 될 수 있지요. 고생을 사서라도 해야 하는 이유입니다.

악마의 눈을 이길 때

:

환난을 염려하는 것이 깊기 때문에 이치에 통달하게 된다

其慮患也 深故達 기려환야 심고달

살다 보면 "왜 이런 일이 내게 일어나지?"라며 어디엔가 묻고 싶고 하소연하고 싶은 일들이 꼬리에 꼬리를 물고 일어날 때가 있습니다. 얼마 전 만난 후배가 그랬었죠. 그동안의 노력이 결실을 맺으면서 이제 좋은 일만 있을 거라고 생각했는데, 정신없이 연달아 생기는 근심거리에 기가 죽어 있었습니다. 분명 선의로 했던 일인데 재판에 휘말리는 등 예상하지 못한 사건은 계속 일어났고, 문제를 해결하고자 사방으로 뛰었지만 수렁처럼 빠져드니 혹 삼재三災인가 하는 생각까지 들었다고 하네요.

'악마의 눈'이란 말이 있죠. '좋은 일에 마魔가 낀다'는 것을 의미

합니다. 남들이 부러워할 만큼 좋은 일이 생기면 뜻하지 않은 질투와 어려움, 구설수가 생기게 되는데, 이것을 악마의 눈이라고 하죠. 누군가 나의 삶을 질투하고 시샘하며 저주한다는 말입니다. 좋은 일이 있을 때나 위로 올라갈 때는 항상 겸손해야 한다고 하는 이유죠. 그렇지 않으면 억울한 일이나 잘못된 일에 휘말리게 되기도 합니다. 자칫 변명도 못 하고 누명을 쓰기도 하죠. 이때 어떻게 해야 할까요? 맹자는 이렇게 말합니다.

> 사람들 중에 덕德의 지혜와 기술의 지혜를 가진 사람은 항상 재앙과 환난이 있게 된다. 오직 외로운 신하와 서자는 그 마음을 쓰는 것이 조심스럽고, 그 환난을 염려하는 것이 깊기 때문에 이치에 통달하게 된다.*

덕의 지혜와 기술의 지혜란 높은 인격과 재능을 말하지요. 뛰어나고 높이 올라갈수록 끌어내리려는 사람 또한 많습니다. 만일 자신의 재주와 능력만 믿고 조심하지 않거나 경솔하면 그것을 빌미로 삼아 무너뜨리려는 사람이 생기죠. 이 때문에 늘 겸손하게 자신을 낮추고 주변을 헤아리고 배려해야 합니다. 그것은 누구도 나를 방해하거나 깎아내릴 수 없게 만드는 힘이 됩니다. 지닌 만

* 『맹자』「진심 상」

큼, 오른 만큼 삶은 쉽지 않습니다. 어려움을 지혜롭게 잘 이길 때 이치에 통달하게 되고 지금보다 성장하게 됩니다. 세상에 공짜는 없기에 어려움을 이겨낸다면 무시할 수 없는 힘을 얻게 됩니다.

그래서 누군가는 어려움을 선물이라고 하죠. 우리는 모두 꽃길만 걷고 싶지만 때로는 자갈길도 바위산도 진흙길도 마주하게 됩니다. 그것을 잘 걷고 나면 비로소 꽃길이 얼마나 아름답고 향기로운지 진심으로 알 수 있지요. 어려움은 당장 힘들고 피하고 싶지만 그로 인해 사람을 알 수 있고 지혜도 생기게 됩니다. 또 마음의 근육이 생겨 단단해진 만큼 후에 찾아오는 웬만한 일도 이겨낼 수 있게 되죠. 후배의 지친 얼굴은 가슴 아팠지만, 충분히 이겨낼 거라 믿기에 손을 꼭 잡아주었습니다. 시간이 지난 후 잘 해결되었다며 전할 밝은 목소리를 기대하면서.

성실은 자신이 주는 선물입니다

성실하지 않으면 아무것도 이루어지지 않는다

不誠無物 불성무물

2020년 수능 성적이 발표된 날, 15명의 만점자 중 단연 화제의 주인공은 김해외고의 송영준 군이었습니다. 고등학교 첫 시험에서 127명 중 126등을 했던 그는, 과외 한 번 받지 않고 수능에서 만점을 받는 기적을 일으켰죠. 어려운 가정형편으로 인해 사회적 배려대상자 전형으로 외고에 진학했지만, 처음 받아든 충격적인 성적표 때문에 다른 학교로의 전학까지 생각했다고 하네요. 하지만 선생님의 격려와 주변의 도움, 그리고 본인의 노력으로 3년 후 수능에서 만점을 받을 수 있었습니다.

이처럼 오로지 자신의 노력만으로 꿈을 이루는 사람은 다른 사람에게도 희망을 줍니다. 다양한 오디션이 진행되는 요즘, 꿈을 향해 노력하고 꿈을 이루는 사람들을 보며 감동하고 응원하게 되지요. 2011년 tvN의 오디션 프로그램 〈코리아 갓 탤런트〉에서 〈넬라 판타지아Nella Fantasia〉로 준우승을 한 최성봉 씨가 그랬습니다. 집도 없이 떠돌던 그의 우승은 〈브리튼스 갓 탤런트Britain's Got Talent〉에서 우승한 수잔 보일Susan Boyle과 비견되면서 외국에서 더 극찬했지요. 2019년 〈미스트롯〉에서 대상을 받은 가수 송가인 씨 역시 오랜 무명생활을 딛고 진가를 발휘하는 모습이 감동적이었죠. 오디션을 진행하는 도중 목이 잠겨 소리가 나지 않을 때가 있었는데, 그녀는 그때도 우승을 놓치지 않았습니다. 이들뿐 아닙니다. 나이나 여건 등 온갖 핸디캡에도 꿈을 멈추지 않는 사람들이 있습니다. 그 중심에는 성실이 있었습니다.

> 성실은 사물의 끝과 시작이니, 성실하지 않으면 사물 역시 없다. 이 때문에 군자는 성실하게 행하는 것을 귀하게 여긴다.[*]

『중용』에서는 온 마음을 기울이는 성실을 스스로 이루는 것이라고 말하죠. 즉 성실은 자기를 이룰 뿐 아니라 나아가 사물도 제

* 『중용』 25장

역할을 하도록 하지요.

송영준 군이, 최성봉 씨가, 송가인 씨가 성실하지 않았다면 과연 꿈을 이룰 수 있었을까요? 타고난 것도 있겠지만 어려운 여건에서도 포기하지 않고 남보다 더 열심히 성실하게 노력했기에 가능한 일이었습니다. 그들은 아무것도 주어지지 않아도 성실하다면 결국 이룰 수 있음을 보여준 증인입니다. 주어진 것이 많고 여건이 좋고 운이 좋아서 쉽게 꿈을 이루는 자도 있지만, 성실하지 않다면 결국 오래가지 못합니다. 원하는 것을 이루고도 잘못된 선택으로 한순간에 나락에 빠지는 사람이 그 증거죠. 쉼이 없는 성실은 그들을 그들답게 했습니다. 이처럼 성실은 자신이 자신에게 주는 귀한 선물입니다.

우주를 돌아서 만난 자신

몸을 닦음은 그 마음을 바르게 하는 데 있다

修身在正其心 수신재정기심

'별을 향하여'라는 뜻의 SF 우주 영화 〈애드 아스트라Ad Astra〉는 지구를 넘어 달과 화성, 해왕성까지 배경이 됩니다. 주인공 로이는 아버지를 따라 우주비행사가 되는데요. 그의 아버지는 우주에서 지적 생명체를 찾는 프로젝트에 참여하면서 오래전 가족과 지구를 떠났지요. 로이는 아버지를 존경하면서도 원망했었는데, 결국 그도 아내를 두고 아버지의 뒤를 따라 우주로 떠납니다.

한데 인류를 위협하는 전류급증 현상인 '써지'가 일어났고 주동자로 아버지가 지목되죠. 로이는 아버지를 만나 설득하기 위해 달과 화성을 거쳐 해왕성까지 가게 됩니다. 수많은 일을 겪으면서도 감정에 동요되지 않고 안정적인 심박수를 유지한 로이였지만, 갈등이 없었던 것은 아니었죠. 해왕성에서 만난 아버지는 이미 늙고 초라한 노인인 데다 백내장으로 눈도 보이지 않아 아들을 보지 못했습니다. 게다가 아버지가 찾았던 외계의 지적 생명체는 우주 어디에도 없었고 결국 프로젝트는 실패했습니다. 무無를 찾아 가족까지 떠난 아버지는 우주에서 동료의 죽음을 지켜 봐야 했고, 그 자신은 가까운 곳조차 볼 수 없는 모습이 되었지요. 이러한 아버지의 모습을 본 로이는 광활한 우주 어딘가에 있는 특별한 존재가 아닌 자신의 가족과 주변의 친구, 함께 웃고 이야기 나눌 동료가 가장 중요하다는 것을 깨닫게 됩니다.

독일의 철학자인 헤르만 카이저링Hermann Keyserling은 타 문화에 대해 "자기 자신을 향한 가장 가까운 길을 세계를 돌아서 가는 것"이라고 설명합니다. 타 문화를 통해 그 무엇보다 먼저 자신을 인식하게 된다는 것이죠. 로이 역시 그랬습니다. 영웅이라 생각했던 아버지의 뒤를 따라 해왕성까지 간 그가 그곳에서 만난 것은 자신이었습니다. 그리고 자신과 관계를 맺은 '우리'의 소중함을 느끼게 되죠. 어떤 경우에도 동요되지 않던 로이가 한 방울의 눈물을 떨구는 장면도 그 때문이었을 겁니다.

자신과의 만남은 다양합니다. 『대학』에서는 수신할 때 자신을 만날 수 있다고 하죠. 자신과 만나기 위해 마음을 바르게 해야 함을 말합니다.

몸을 닦음은 그 마음을 바르게 하는 데 있다.*

즉 마음을 바르게 해야 제대로 볼 수 있고 알 수 있어, 궁극적으로 몸을 바르게 할 수 있습니다. 어딘가에 집착하면 그 외의 것은 마음에 들어오지 않습니다. 지적 생명체에 집착했던 로이의 아버지. 하지만 우주에는 아무것도 없었습니다. 우리의 삶도 그러지 않나요? 집착을 버리는 것, 마음을 바르게 할 때 가능합니다.

* 『대학』 전7장

부끄러움을 가르쳐드립니다

나 또한 그것을 부끄러워한다

丘亦恥之 구역치지

사람과 동물의 다른 점을 들라 하면 바로 떠오르는 것만 해도 꽤 많습니다. 직립보행, 언어 사용, 지식 전달, 예禮를 행하는 것, 자신의 근원을 알고자 하고 사후 세계에 관심을 가지는 것 등이 그것이죠. 또 다른 차이는 바로 부끄러움을 아는 것입니다. 어떤 동물도 자신의 행위에 대해 부끄러워할 줄 모르지만, 사람은 자신의 잘못된 행위나 이중성 등을 부끄러워하지요. 이 때문에 맹자는 부끄러움이 없으면 사람이 아니라고까지 말합니다. 이처럼 부끄러움은 사람이 가진 큰 특징입니다.

대부분의 사람들이 부끄러움을 느낄 때 손 처리는 어색해지고 눈동자는 흔들리며 귓바퀴는 발그레해집니다. 부끄러움을 뜻하는 '치恥'가 '귀 이耳'와 '마음 심心'으로 이루어진 이유지요. 자신도 모르게 귀가 붉어지고 얼굴이 달아오르는데, 마음대로 되는 부분이 아니기에 감출 수조차 없습니다.

하지만 그럼에도 불구하고 부끄러움이 없는 사람들도 있습니다. 이런 사람들은 자신의 이익과 출세를 위해서라면 꾸미고 속이는 것에 당당하고, 공손한 모습으로 마음을 훔치기도 하며, 불리하면 남에게 뒤집어씌우기도 하죠. 공자는 이런 사람을 미워한다고 말합니다.

> 좌구명左丘明은 교묘하게 말하고 얼굴빛을 아름답게 꾸미며 지나치게 공손한 것을 부끄러워했는데, 나 또한 그것을 부끄러워한다. 좌구명은 상대방을 원망하는 마음을 감추고 그 사람과 벗하는 것을 부끄러워했는데, 나 또한 그것을 부끄러워한다.*

좌구명은 노나라의 사관으로 공자와 동시대를 살았습니다. 『춘추좌씨전』과 『국어』의 저자로 알려져 있죠. 그는 사관인지라 정도正道가 아닌 것을 부끄러워했습니다. 그랬기에 남을 유혹하거나 속

* 『논어』「공야장」

이는 말씨, 속마음을 감추고 상대방의 비위를 맞추는 표정, 지나친 공손함으로 남을 속이는 행동, 속으로는 상대방을 미워하고 원망하면서도 겉으로는 친한 척하는 것을 부끄러워했지요. 그것은 자신과 남을 속이며 자신의 이익만을 위해 촉수를 뻗는 행동이죠. 공자 역시 그랬습니다. 이로움을 향해 주파수를 맞추고 늘 정의로운 듯 행동하면서도 계산하는 자를 경계하고 멀리했죠. 좌구명과 공자는 이렇게 정의와 공정, 선함과 올바름을 내세워 사람을 속이는 것이 야비한 행동이기에 부끄럽다고 한 것입니다. 부끄러움이 사람의 특징이라면 부끄럽지 않은 삶을 사는 것만으로도 괜찮은 삶이 아닐는지요. 부끄러운 이들을 거울삼아 반면교사할 때 가능하지 않을까요?

퍼즐 한 조각

:

한 삼태기의 흙이 산을 완성한다

爲山一簣 위산일궤

아주 오래전 구스타프 클림트Gustav Klimt의 〈키스The Kiss〉가 그려진 퍼즐을 산 적이 있습니다. 퍼즐은 처음이었는데 갑자기 끌려 선뜻 1천 피스짜리를 구입했죠. 외곽을 맞출 때는 쉽게 조각을 찾을 수 있어 재밌었습니다. 하지만 시간이 갈수록 조각을 찾기 어려웠죠. 어떨 땐 한 조각을 찾느라 30분 이상 걸리기도 했습니다. 그땐 괜한 짓을 한다고 후회하면서도 조각을 찾으면 희열을 느꼈지요. 그러다가 드디어 완성을 눈앞에 두었는데, 이게 웬일입니까? 조각 하나가 없는 거예요. 그것도 남자 머리의 정중앙 퍼즐이….

조각이 없을 거라곤 생각도 못 했기에 당황스러웠습니다. 어떻게 할지 고민하다가 퍼즐 회사에 전화했더니 선뜻 그 부분의 조각을 몇 개 보내주었습니다. 하지만 그중 맞는 것이 없어서 다시 전화를 드렸더니 어쩔 수 없다며 퍼즐 전체를 교환하라는 것이었어요. 아니, 어떻게 맞춘 퍼즐인데 이걸 다시 하라니! 하지만 방법이 없었죠. 결국 퍼즐을 교환했고 지금까지 뜯지도 않았습니다.

999개의 조각이 있다 해도, 조각 하나가 부족하면 퍼즐은 완성할 수 없습니다. 1천 개의 조각 중 조각 하나는 별것 아니지만, 그 하나가 퍼즐을 완성하기도 하고 미완성으로 끝내기도 하지요. 우리의 삶도 그렇습니다. 아무리 열심히 해왔다고 하더라도 마지막 순간 잠시 게으르거나 한 끗만 어긋나도 그 일은 결국 미완으로 끝나고 맙니다. 마치 물이 99도까지는 끓지 않다가 마지막 1도가 더 올랐을 때 끓는 것과 같죠. 99도까지 온도를 올리는 동안 기다렸는데, 급한 성격에 마지막 1도를 기다리지 못해 망쳐본 경험이 누구든 있을 거예요. 그 1도는 99도와 맞먹는 힘을 발휘하죠. 공자는 이를 이렇게 설명합니다.

> 산을 만들 때 흙 한 삼태기가 모자라 그만두는 것도 내가 그만두는 것이요, 평지를 만들 때 흙 한 삼태기를 부어 시작하는 것도 내가 하는 것이다.[*]

* 『논어』「자한」

그렇다면 퍼즐 조각 하나가 모자라서 그림을 완성하지 못한 것도 결국 제가 하지 않은 것입니다. 퍼즐을 미완으로 만든 그 조각은 어디로 간 걸까요? 제 탓일 수도 공장에서의 실수일 수도 있지만, 그 조각은 지금까지도 순간순간 저의 삶을 돌아보게 합니다. 어떤 일을 하다가 너무 힘들어 그만두려고 할 때면 까만 조각은 제게 묻지요. "정말 여기서 그만둘 거야? 딱 한 걸음만 더 나가면 되는데…."

희망의 섬 '그래도'

:

나를 아는 자는 하늘일 것이다

知我者其天乎 지아자기천호

가장 낮은 곳에

젖은 낙엽보다 더 낮은 곳에

그래도라는 섬이 있다

그래도 살아가는 사람들

그래도 사랑의 불을 꺼뜨리지 않는 사람들

세상에서 가장 아름다운 섬, 그래도.

김승희 시인의 시 〈그래도라는 섬이 있다〉의 도입부입니다. 이

시를 소리 내어 읽으면 마음이 편안해지면서 나를 품어줄 섬 하나가 떠오릅니다. 바로 우리의 가슴에 간직한 '그래도'라는 섬입니다. 삶이 나를 배반하고 인정머리 없이 걷어차고 외롭고 힘들어도, 그래도 일어설 수 있고 위로받을 수 있음을 노래하고 있습니다.

모든 섬은 홀로 떠 있는 것처럼 보이지만 바다 밑으로 연결되어 있어 외롭지 않지요. 사람도 그렇습니다. 혼자인 것 같지만 마음이 연결되면 혼자가 아닙니다. 하지만 마음이 연결되기는 쉽지 않지요. 수많은 오해와 갈등, 의심과 편견, 넘겨짚음으로 인해 혼자라고 생각될 때가 많습니다. 그때 속으로 그래도를 되뇌면 마음이 편해지죠. 그래도, 그래도, 그래도….

공자는 56살의 노년이 되어서 중원 땅을 떠돌기 시작했습니다. 한두 해도 아니고 13년 동안 떠돌아다니자 수많은 사람들의 오해를 받았지요. 써주지 않으면 그만둘 것이지 저렇게 다닌다는 은자들의 오해, 정치에 기웃거린다며 눈을 흘기는 기득권층의 오해, 상갓집 개 같다는 비웃음과 오해도 있었습니다. 품은 뜻을 가슴에 묻어둔 채 갖은 오해를 받을 때 공자는 그만두고 싶지 않았을까요?

> 나를 아는 자는 하늘일 것이다.*

* 『논어』「헌문」

공자의 탄식에는 그러한 오해에 대한 억울함이 묻어 있습니다. 그럼에도 불구하고 공자는 언젠가 자신을 알아주는 자를 만나게 되면 세상을 변화시킬 수 있다는 희망을 가지고 천하를 떠돌아다녔지요. 안타깝게도 그런 위정자를 만나지 못하고 노나라로 되돌아오게 되지만.

시인의 노래처럼 '그래도'는 긍정의 언어입니다. "그래도 일어나야지." "그래도 살아야지." "그래도 힘을 내야지."라며 스스로를 응원하고 격려하지요. 공자의 13년에도 그래도가 있지 않았을까요? 아무리 현재가 지옥일지라도 다시 일어나게 하고, 설 수 있게 하는 그래도! '그래도 힘내'라며 속삭이는 그래도! '그래도'라는 섬이 있어 오늘도 힘내는 사람들이 많습니다. '그래도'는 현실을 희망으로 연결해주는 긍정의 섬입니다.

변해야
오래갈 수 있다

오래되면 변하기 어렵다

久則難變也 구즉난변야

동네에 오래된 항아리 가게가 있습니다. 동네 곳곳이 젊은이들의 취향에 맞게 바뀌었음에도 항아리 가게만큼은 동네의 상징인 양, 터줏대감인 양 그 자리를 지키고 있지요. 긴 담을 따라 켜켜이 위로 쌓인 항아리를 볼 때면 '저 높은 곳까지 어떻게 항아리를 쌓았을까?' '어떻게 무너지지 않고 긴 세월을 견디고 있을까?' 하는 생각이 들곤 하죠. 누군가 맨 위에 있는 항아리를 구입한다면 어떻게 내릴지 궁금하기도 하고요.

세상이 변하고 바뀌어 이제 항아리를 쓰는 집은 거의 사라졌습니다. 김치도 간장도 된장도 마트에서 사 먹지 굳이 집에서 담그지 않지요. 그럼에도 허리가 굽은 늙은 사장님은 세월만큼 오래된 그릇을 돌보며 자리를 지키고 있습니다.

어느 날 그곳을 지나면서 습관처럼 가게를 들여다보는데, 창에 '그릇 만들기' 전단지가 붙어 있었습니다. 걸음을 멈추고 훑어보니 아이들과 함께 그릇을 만드는 체험 프로그램이었지요. 닫힌 유리문 안으로 젊은 엄마와 아이가 함께 흙을 주무르는 모습이 보였습니다. 이곳도 변화가 일어나고 있었습니다. 아무도 눈여겨보지 않는 오래된 그릇들, 쓸모가 없어지는 항아리들, 사장님과 함께 늙어가는 그곳의 변화가 반가웠습니다. 사장님의 딸이 그곳에 왔다는 말을 들은 것은 그 이후였지요.

예전에는 꼭 필요했던 것들이 요즘에는 빠르게 사라지고 있습니다. 김치냉장고의 출현은 항아리의 자리를 빼앗았고, 용기에 포장되어 나오는 시중의 다양한 된장과 고추장의 등장은 굳이 집에서 장을 담글 이유를 없앴죠. 음식에 따라 그릇 또한 다양하게 쓰는 지금, 가게의 그릇은 몇몇 마니아만 선호할 것입니다.

오래되면 변하기 어렵다.*

맹자의 말처럼 그곳의 변화는 쉬운 일이 아니었습니다. 이미 기

* 『맹자』「공손추 상」

존의 것에 익숙해지면 그것이 편합니다. 그 때문에 세상이 변하고 있다는 것을 알아도 변하기 힘들지요. 가끔 오래된 노포老鋪가 세월에 떠밀려 변하지만 결국은 다시 돌아가는 것과 같습니다. 하지만 옛것을 고수하기만 하면 현재와 소통이 되지 않아 아무도 찾지 않게 되고 결국 단절되고 맙니다. 이 때문에 정체성은 살리면서 변하려는 노력이 필요하지요. 오래되어도 현재와 소통하고 늘 새로운 모습을 갖는 것, 이것이 오래가는 유일한 방법 아닐까요? 변해야 오래갈 수 있습니다. 그것이 무엇이든.

'다운 사람'을 찾습니다

:

모난 술잔이 모가 나지 않았다면 모난 술잔이겠는가?

觚不觚 觚哉觚哉 고불고 고재고재

중학교 1학년 당시 우리 반의 학급 교훈은 '다운 사람'이었습니다. 수업 첫날, 담임선생님은 교훈이 적힌 액자를 가리키면서 우리에게 우리다운 사람이 될 것을 말씀하셨지요. 그 말의 무게를 생각하기엔 너무 어린 나이였던 우리는 교훈이 참 싱겁다고 생각했습니다. 그런데 세월이 지나고 나이가 들면서 당시의 교훈인 '다운 사람'이 가끔 생각납니다. 과연 어떤 사람이 '다운 사람'이고, 어떻게 해야 '다운 사람'이 될 수 있을까요?

세상에는 의외로 자신을 근사하게 여기는 사람들이 많습니다. 이따금 외모나 배려, 정의감과 사회성이 이만하면 상위에 속한다고 생각하는 사람들을 만나곤 하지요. 마치 백화점의 대형거울에 비친 날씬한 모습을 실제 자신의 모습이라고 착각하는 것과 같습니다. 이미 자신을 정의롭고 배려심 있고 따뜻하고 바르고 '다운 사람'이라고 생각하면 고치려 하지 않죠. 얼룩진 민낯을 가린 짙은 화장, 포토샵으로 예쁘게 꾸민 사진, 학벌과 사회적 지위, 공적으로 포장된 모습이 개인의 만족으로 끝나면 다행인데, 그렇지 않으면 위선이 판치는 세상이 됩니다.

> 모난 술잔이 모가 나지 않았다면 모난 술잔이겠는가? 모난 술잔이겠는가?[*]

공자의 말입니다. 사각형이나 팔각형의 모난 술잔이 '고觚'인데, 당시엔 둥글게 생긴 술잔도 '고'라고 말했습니다. 모양이 다른데 같은 이름으로 부르면 혼란이 오죠. 이것이 술잔이니까 상관없지만 만약 일이라면, 특히 공적인 일이라면 어떻게 될까요? 마찬가지로 '답지 않은 사람'을 잘 포장해 '다운 사람'이라고 한다면 누가 그와 그 자리를 신뢰할까요? 명칭과 실제 모습의 불일치는 사회를 어지럽힙니다.

선생님이 어린 우리에게 '다운 사람'이 되라고 하신 것은 사회

* 『논어』「옹야」

의 근간을 이루는 사람과 그 됨됨이의 중요성을 강조한 것입니다. 자신을 향한 눈을 바르게 해 늘 스스로를 바르게 보고 바르게 할 때 비로소 '다운 사람'이 될 수 있지요. 자신이 생각하는 자신과 현실에서의 자신을 일치하는 것, 내면과 외면의 차이를 최소화하는 것, 그것이 부끄럼 없고 부끄럽지 않은 '다운 사람'이 되는 길일 것입니다. 오래전 어린 우리에게 '다운 사람'을 말씀하시던 눈이 맑았던 선생님이 그리운 날입니다.

인생
문장

5부

태도

나를 몰아붙이는 힘

남들이 한 번에 할 수 있다면 나는 백 번을 하라

人一能之 己百之 인일능지 기백지

"우리의 것은 소중한 것이여!"라는 TV 광고 멘트를 기억하시나요? 오래되었지만 박동진 명창의 이 외침을 기억하시는 분들이 있을 겁니다. 1968년 국내 판소리계 최초로 5시간 동안 〈흥보가〉를 완창하면서 이름을 알린 박 명창은 50세가 넘어서야 적극적으로 활동하게 되었죠. 그 후 8시간 동안 〈춘향가〉를 완창했고 이어서 〈심청가〉 〈변강쇠타령〉 〈적벽가〉 〈수궁가〉를 완창했습니다. 그 때까지만 해도 판소리는 사람들이 좋아하는 대목만을 10분이나 20분 정도 부르는 것이 유행이었는데, 당시 무명 소리꾼이었던 박 명창이 판소리의 원형을 살려서 전통을 복원한 것입니다. 이후 그는 판소리계에서 독보적인 존재가 되었고 만 87세로 세상을 떠날 때까지 부채를 잡고 소리를 한 것으로 유명합니다.

많은 사람들이 성공하는 사람을 부러워하고 그들에게 찬사를 보냅니다. 특별한 성공 스토리가 있으면 더욱 열광하죠. 누구나 그 후광이 부러워 성공하고 싶어 합니다. 성공이란 게 당연히 노력 없이 이루어질 수 없지만 노력한다고 무조건 주어지는 것도 아니기 때문에, 사람들은 그 열쇠를 쥔 사람을 특별하게 대하죠. 물론 어린 나이에 성공과 명성, 두 마리 토끼를 잡는 사람도 있지요. 하지만 그런 사람은 매우 드뭅니다. 설령 얻었다 해도 오래가기 힘들지요. 대부분의 성공은 남보다 더한 노력과 기다림의 결과물입니다.

특히 소리는 더 그렇습니다. 소리도 나이를 먹는다고 하는데, 박 명창은 여든이 넘은 나이에도 소리를 멈추지 않았죠. 젊었을 때는 목에서 피가 나올 정도로 연습을 멈추지 않았다고 합니다. 놀랍게도 명창들은 목에서 피가 2번은 나와야 비로소 자기 소리를 가질 수 있다고 말하죠. 그들은 열심히 하는 정도가 아니라 소리가 나오지 않을 때까지, 목이 갈라져서 피가 나오고 성대결절이 되어도 그것을 뛰어넘어 새로운 소리가 만들어질 때까지 자신을 몰아붙입니다. 박 명창 역시 그랬습니다. 자신의 소리를 지닐 때까지 노력하고 또 노력하는 명창들의 이야기는 이런 문장을 떠올리게 합니다.

남들이 한 번에 할 수 있다면 나는 백 번을 하고, 남들이 열 번에 할 수 있다면 나는 천 번을 하라.*

가끔 남들만큼 했는데도 일이 안 풀린다는 한탄을 듣습니다. 재능이 있다 해도 남들만큼 해서는 그 무엇도 할 수 없지요. 누군가 쉽게 이룬 것 같은 성공은 매 순간의 노력이 쌓인 결과이지 그냥 얻어진 게 아닙니다. 남들보다 100배의 노력을 할 수 있나요? 그만큼 할 때 비로소 길이 열립니다.

* 『중용』 20장

운이 좋다고요?

:

정곡을 꿰뚫도록 하는 것은 너의 힘이 아니다

其中 非爾力也 기중 비이력야

성공하는 사람들이 그러하듯 실패하는 사람들에게도 공통점이 있습니다. 능력과 노력이 부족한데 귀까지 얇아 남의 말에 잘 흔들린다는 것입니다. 자신의 재능과 능력을 파악하지 않고 유행만을 좇거나, 잘될 거라는 근거 없는 자신감으로 일에 임하는 데다 게으르고 핑계도 많지요. 운運에 기대서 헛발질을 하는가 하면, 안 되는 것은 늘 경기나 상황을 탓하며, 주도성도 책임감도 성실성도 부족하죠. 간혹 요행으로 잘되면 자신의 능력으로 여기고 잘못되면 남의 탓을 하는데, 잘될 리가 없습니다.

그에 반해 성공하는 사람들은 일단 부지런하고 성실하며 긍정적입니다. 자신이 할 수 있는 일과 해야 할 일을 우선에 놓고 구체적인 계획을 세우고, 어디에서든 배우고 소통하며 노력하지요. 쉴 때조차도 배움에 주파수를 맞추고 매의 눈으로 주변을 돌아봅니다. 매사에 긍정적이기 때문에 장애물도 디딤돌로 여기고, 어렵고 힘든 일이 찾아와도 배움이라 생각하고 돌파구를 마련하죠. 실패마저도 삶의 쉼표와 숨 고르기로 삼는 태도 덕분에 실패는 도리어 단단한 지지대와 돋움대가 됩니다.

그럼에도 성공하는 사람들은 모두 운이 좋았다고 말하죠. 운은 어쩌다 한 번 좋을 수 있습니다. 그런데 매번 운이 좋다면 그것은 노력으로 쌓은 실력인데, 그들은 운이라고 하죠. 열심히 성실하게 최선을 다해도 성공이 보장되지 않습니다. 성공은 쉽게 얻을 수 없다는 것을 알기에, 모든 것이 합해질 때 이루어지기에, 혼자의 힘이 아님을 알기에, 그들은 누구보다 많은 노력을 했을지라도 성공을 운으로 돌리며 자신을 겸손하게 내려놓지요.

> 화살을 과녁에 이르게 하는 것은 너의 힘이지만, 정곡을 꿰뚫도록 하는 것은 너의 힘이 아니다.*

맹자는 이렇게 이야기하지요. 힘이 있고 능력이 있다면 화살로

* 『맹자』「만장 하」

과녁을 맞힐 수는 있습니다. 하지만 한가운데인 정곡을 맞히는 것은 실력뿐만 아니라 날씨와 환경 등 여건이 작용합니다. 할 수 있는 모든 노력을 다하는 것은 나의 몫이지만 성공 여부는 내가 결정할 수 없지요. 나를 포함한 모든 기운과 상황이 도와줘야 가능합니다. 우주가 도와줘야 한다는 말이 그것이죠. 가끔 "아침에 눈을 떠보니 스타가 되었다."라고 말하는 사람들이 있습니다. 정말 아무것도 하지 않았는데 눈을 떠보니 스타가 된 것일까요? 그가 흘린 땀과 눈물과 쉼 없는 노력이 마침내 아침이 찾아올 수 있도록 길을 열어준 것이겠죠. 사람이 할 수 있는 일은 그저 언젠가 반드시 찾아올 그날을 위한 노력밖에 없습니다. 그러다 보면 어느 순간 운이라는 선물을 받게 될 것입니다.

즐기는 것의 즐거움

:

좋아하는 것은 즐기는 것만 못하다

好之者不如樂之者 호지자불여락지자

요즘 청년들은 사회에 나가기 위해 갖춰야 할 것이 너무나 많습니다. 성적뿐 아니라 다양한 자격증과 두세 가지의 외국어, 해외연수, 거기에 봉사활동까지 해야 한다고 하네요. 듣는 것만으로도 숨이 차오는데, 정작 당사자들은 어떨까요? 이렇게 무장해도 취업이 어렵다고 하니, 참으로 안타깝습니다.

얼마 전 직장을 다니는 제자에게서 연락이 왔습니다. 지금 하지 않으면 아쉬울 것 같아 다시 공부하고 싶다며 추천서를 부탁했지요. 그가 보내온 포트폴리오는 저를 놀라게 했습니다. 부지런하고 뭐든 열심히 한다는 것은 알고 있었는데, 어떻게 이 많은 일을 했을까 상상이 되지 않았죠. 밀봉된 추천서를 건네면서 어떻게 이 많은 것을 했냐고 물었더니 "그래서 대학 친구가 없어요."라며 환하게 웃더군요. 항상 웃는 얼굴에 성격 좋은 학생이었는데, 한정된 시간에 이 많은 것을 하면서 과연 행복했을지 의문이 생겨 즐거웠냐고 물었죠. 얼굴 가득 웃음을 머금은 그는 참으로 대견한 대답을 했죠. "즐거웠기 때문에 했어요. 어쩔 수 없이 해야 했다면 하지 않았을 거예요."

> 아는 것은 좋아하는 것만 못하고, 좋아하는 것은 즐기는 것만 못하다.*

공자도 이렇게 말합니다. 지식이 많더라도 아는 것에 그치고 좋아하지 않는다면 쓸모없게 되는 경우가 많지요. 하지만 좋아서 하는 일이라면 힘들어도 견딜 수 있습니다. 더 나아가 즐기면서 한다면 엄청난 힘이 생겨 남에게까지 좋은 영향을 미치게 되지요. 아는 것이 머릿속 지식을 쌓는 것이라면, 좋아하는 것은 가슴으로 반응하는 것이고, 즐기는 것은 가만히 있을 수 없어 행동하고 실천하는 것입니다. 좋아하게 되면 지식을 지혜로 변화시키고, 즐기게 되면 그 지혜를 세상을 위해 쓰게 되지요. 즐거움은 곧 자신

* 『논어』「옹야」

만의 경쟁력이 되어 알기만 하거나 가슴으로 느끼기만 하는 사람을 넘어서는 원동력이 됩니다. 즐거웠고 즐겼기에 그 많은 것을 할 수 있었다는 제자의 대답은 우문愚問에 현답賢答이었습니다.

즐기는 사람은 이길 수 없습니다. 즐기는 사람은 지금의 즐거움을 넘어서려 할 뿐 굳이 남을 경쟁의 대상으로 삼지 않지요. 어렵고 힘들지라도 자신의 선택을 즐기며 꿋꿋이 헤쳐나가고, 즐겁기에 자발적으로 하는 것이니만큼 승부를 목적으로 하지 않으며 누군가의 위에 서려 하지 않습니다. 이 때문에 자신도 행복하고 주변도 행복하지요. 시간이 흘러 제자에게 소식이 왔습니다. 합격을 전하는 제자의 목소리는 확신에 차 있었고, 앞으로도 이어질 그의 행복한 공부가 기대되었습니다.

달인들의 향기

배움은 따라가지 못할 듯이 하고, 오히려 잃을까 두려워해야 한다

學如不及 猶恐失之 학여불급 유공실지

일요일 아침이면 〈생활의 달인〉 재방송을 봅니다. 방송의 생명 주기가 매우 짧은 한국에서 이 프로그램이 2005년에 시작해 지금까지 방송되는 것은 저 같은 시청자가 있기 때문이겠죠.

이 프로그램에서는 오랜 세월 한 가지 일에 전념하면서 연구와 노력을 멈추지 않는 사람들을 소개합니다. 최고의 칼국수, 남다른 꽈배기, 바삭한 탕수육, 맛있는 빵 등, 달인들은 새벽부터 몸을 움직이고 생각지도 못한 갖은 재료를 사용해 음식을 만들지요. 그들은 이미 최고가 되었는데도 노력을 멈추질 않습니다. 음식뿐 아닙니다. 자석에 이끌리듯 목표한 곳에 들어가는 신문, 원하는 곳에 멈추는 원반, 꼭 필요한 만큼만 깎아 최고의 방망이를 만드는 장인, 트럭 꼭대기까지 쌓인 물건 속에서 필요한 것을 한 번에 찾는 달인도 있었습니다. 그들을 보면서 얼마나 많은 시간과 노력을 들였으면 저 경지에 이르렀을지 놀라움과 동시에 반성을 했지요.

그들에게는 공통점이 있었습니다. 바로 자신이 최고라고 자만하지 않는다는 것이었죠. 충분히 자부하고 만족할 만한데, 그들은 계속 노력하고 연구해야 한다고 말합니다. 더 나은 음식과 제품을 제공하기 위해, 더 정확한 실력을 위해 끝없이 노력하는 그들. 그들이 자신의 위치에서 끊임없이 배우고 연구하며 노력하는 이유는 자신을 찾는 사람에게 최고의 것을 선물하기 위한 마음 때문이죠. 방송을 볼 때면 그런 사람들이 한두 명이 아니기에 흐뭇하고 감사하다는 생각을 하게 되지요.

> 배움은 따라가지 못할 듯이 하고, 오히려 잃을까 두려워해야 한다.*

한 가지 일에 최선을 다함으로써 그 분야에서 최고가 된 그들은 공자가 말하는 군자와 닮았습니다. 공자는 늘 자신을 성찰하

* 『논어』「태백」

면서 바르게 하려고 노력하는 자를 군자라고 했죠. 군자는 배움을 멈추지 않고, 배워도 늘 부족하게 여기기에 무엇이든 노력을 아끼지 않는 사람이지요. 또 그 노력의 산물을 남에게 베푸는 자입니다.

자신을 채찍질하고 최고의 것을 내놓기 위해 노력을 멈추지 않는 군자를 달인들에게서 볼 수 있었지요. 이 때문에 일요일 아침이면 공부하는 자세로 방송을 봅니다. 일을 조금 하고선 다한 것처럼 큰소리치거나 최고라는 자부심에 오만한 사람들도 있지만, 우리가 사는 세상에는 드러나지 않은 곳에서, 남들이 알아주지 않아도 사명과 책임감을 느끼고 묵묵히 최선을 다하는 달인들이 있습니다. 그들이 있어 척박한 오늘날 군자의 향기를 만날 수 있는 건 아닐는지요.

미리 금 긋지 마라

:

힘이 부족한 자는 해보다가 도저히 안 될 때 그만둔다

力不足者 中道而廢 역부족자 중도이폐

광고천재 이제석을 아시나요? 그가 제작한 공익광고는 매우 창의적입니다. 112 허위신고·장난전화 예방 캠페인, 환경재단의 석탄연료 반대 캠페인, 청년실업문제, 미국 장애인협회, 독도 캠페인 등 그가 만든 광고를 보면 참신함에 감탄이 나오죠. 시각디자인을 전공한 그는 대학교 성적을 4.5점 만점에 4년 평점 4.47로 졸업할 만큼 재능과 노력이 뛰어났지만 받아주는 회사가 없었다고 합니다. 취업에 실패하자 생계를 위해 동네 간판 디자인 일을 하지만 그 역시 인정받지 못했지요. 결국 그는 미국으로 갔고 세계의 광고 공모전에서 진가를 발휘했습니다. 출신 학교가 아닌 실력으로 승부하는 세계의 분위기는 그의 창작열을 불타게 했고, 핵심을 찌르는 그의 독창적인 디자인에 많은 이들이 감탄했지요.

폴 매카트니Paul McCartney의 전속 사진가였던 김명중 작가도 마찬가지입니다. 영국에서 출신 학교가 아닌 오로지 실력으로만 평가받았고 지금의 자리에 올랐다고 하죠. 한국에서는 아직도 출신 학교로 인재를 가름하고 있습니다. 이 때문에 실력으로 무장한 인재들이 기회를 잃고 절망하기도 하죠. 그래도 포기하지 않고 진정으로 실력을 키운다면 모든 것을 뛰어넘을 수 있습니다. 이제석 씨와 김명중 씨처럼요.

공자도 제자들에게 포기하지 말 것을 요청합니다. 그러나 계산이 빠른 자들은 손해라고 생각되면 빨리 포기하죠. 염유冉有가 그랬습니다. 선생님이 추구하는 도道는 매우 기쁘고 좋지만 자신은 힘이 부족하다며 해보지도 않고 뒤로 빠집니다. 능력이 뛰어난 자가 고난도 이롭다고 여겼으면 그렇지 않았겠죠. 공자는 그에게 이렇게 말합니다.

> 힘이 부족한 자는 일단 해보다가 도저히 안 될 때 그만둔다. 그때 그만두어도 되지 않는가? 그런데 너는 해보지도 않고 힘이 부족하다고, 못한다고 금을 긋는구나.*

---

* 『논어』「옹야」

우리 앞에 놓인 일과 기회는 매우 다양합니다. 손해를 보거나 힘만 빠지기도 하며, 실컷 했는데 기회를 뺏기거나 해도 해도 안 되는 일도 있습니다. 그런데 그것을 해보기도 전에 미리 재거나 계산할 수는 없지요. 상황과 여건 등 여러 가지 변수가 있기 때문이죠. 만일 미리 계산해 금을 긋는다면 그 어떤 것도 시작할 수도 이룰 수도 없습니다. 이제석 광고인이, 김명중 작가가 미리 포기하고 금을 그었다면 오늘날 우리는 그들의 뛰어난 작품을 만날 수 없었을 겁니다. 금을 긋는 것은 자신이 만날 기회를 미리 차단하는 것이 아닐까요?

복을 받고 싶나요?

경건함을 잃지 않고, 사람과 더불어 공경하면서 예를 지키다

敬而無失 與人恭而有禮 경이무실 여인공이유례

부유함과 무병장수는 인류가 꿈꾸는 오랜 소망입니다. 여기에 행복한 삶과 제 명을 다한 죽음이 더해진다면 더할 나위 없이 좋겠죠. 『서경』「주서」 '홍범'에는 인간에게 필요한 아홉 가지가 나오는데, 그 마지막은 오복五福입니다. 수명과 부유함, 건강하고 안정된 삶, 덕德을 좋아하고 베풂, 제 명을 마치는 죽음 등을 오복이라고 하죠. 그런데 이것들이 단순히 바란다고 이루어질까요? 어느 정도의 부는 노력에 따라 얻을 수 있지만 큰 부자는 되기 힘들죠. 무병장수는 원한다고 되는 것이 아닙니다. 또 제 명대로 죽는 것 역시 바란다고 되지 않죠. 그렇다면 스스로 얻을 수 있는 것은 덕

을 품고 베푸는 것밖에 없네요. 덕을 베푸는 것은 마음먹고 행하기에 달렸지만 쉬운 일은 아닙니다. 덕을 베풀려 해도 세상이 단순하고 순조롭게, 내 마음대로 돌아가지 않지요. 이 때문에 "하고 싶지만 도저히 할 수 없어."라고 말하는 사람도 있습니다.

지인 중 덕 베푸는 것을 생활로 하는 사람이 있습니다. 그녀는 가족과 주변 사람들을 위한 기도로 하루를 시작합니다. 남편에게는 최고의 아내요, 대학과 직장에 다니는 아이들에게는 '엄마뿐'이란 찬사를 받고 있지요. 학원을 경영하는 그녀는 학생들 하나하나를 자식처럼 대하고, 봉사활동도 열심히 하면서 누구에게든 먼저 다가가고 자신이 가진 것을 아낌없이 나눠주죠. 힘들지 않냐는 말에 그녀는 오히려 덕을 베풀면 힘이 난다고 말합니다. 그녀를 보며 자하子夏가 사마우司馬牛에게 한 말이 생각났습니다.

> 군자가 경건함을 잃지 않고, 사람과 더불어 공경하면서 예禮를 지킨다면 사해 안이 모두 형제다.*

먼저 경건하게 자신을 지키고, 타인을 배려하며 공경하고 존중하면서 예를 행한다면 너와 내가 하나 되어서 모두가 형제라는 것입니다. 이는 덕을 가진 사람일 때 가능하지요. 덕을 베푼 이는

* 『논어』「안연」

죽음 이후에도 타인의 기억 속에서 영원히 살 수 있으며, 사람의 마음을 얻으니 이미 부자고, 경건함으로 마음을 닦기 때문에 마음이 건강하니 육체의 건강까지 얻을 수 있습니다. 이것은 진정한 복이 아닐까요? 오복은 하늘이 준다고 하죠. 하지만 하늘이 오복을 내려주기만을 기다리지 않고도 나의 것으로 만들 수 있습니다. 모든 사람을 형제처럼 여기는 것, 공경하고 존중하는 것, 덕을 베푸는 것, 복을 얻는 열쇠입니다.

진정한 부자

덕이 넉넉한 자는 간사한 세상이 어지럽게 하지 못한다

周于德者 邪世不能亂 주우덕자 사세불능란

온갖 사치와 부를 누리면서 세금은 내지 않는 사람들이 있습니다. 뉴스에 등장하는 그들은 금고를 금은보화로 가득 채우고도 세금을 내지 않으려 갖은 술수를 다 쓰죠. 그들을 보면서 자식에게 부끄럽지 않을까 싶었고, 한편으로는 저렇게 치사하게 사는데 부자면 뭐하나 싶었습니다.

부자 중에는 자신의 대에서 부를 쌓은 사람들이 있는가 하면, 선대로부터 물려받아 부를 누리는 사람도 있죠. 또 자신이 누리는 부를 남에게 베푸는 사람들이 있는가 하면, 누리기만 할 뿐 정작 해야 할 일에 인색한 사람도 있습니다. 그런데 어떤 부자든 오로지 자신의 능력으로만 부를 이룬 경우는 없습니다.

우리가 흔히 말하는 '노블레스 오블리주noblesse oblige'는 프랑스어로 '귀족'과 '고귀한 신분'을 뜻하는 노블레스noblesse와 '책임이 있다'는 오블리주oblige의 결합어로, '지배층이 가져야 하는 도덕적 책임'을 말합니다. 그들이 지닌 권력은 그 개인만의 것이 아님을 말하는 것이죠. 이것은 부유한 자에게도 해당합니다. 부자는 여건과 상황, 다른 사람의 도움이 있었기에 부를 쌓을 수 있었으므로 합당한 책임과 의무가 발생합니다.

진정한 부자로 자주 거론되는 경주 최부잣집이 그 예입니다. 100리 안에 사는 사람들의 배고픔을 해결한 최부자는 부자의 책임뿐 아니라 측은지심을 가졌기에 너그럽게 베풀 수 있었죠. 이를 가졌던 것은 최부자뿐만이 아닙니다.

낙안군수를 지냈던 류이주가 전남 구례에 지은 99칸의 고택 운조루雲鳥樓에는 '타인능해他人能解'라는 이름을 가진 뒤주가 있습니다. 타인능해는 '누구든 열 수 있다'는 뜻으로, 여기에 쌀을 채워 배고픈 이들이 눈치 보지 않고 가져가도록 했죠. 이런 정신은 대를 이어 내려왔습니다. 그렇게 자신의 부만 채우지 않고 나누는 삶을 산 덕분에 나라가 위기에 처했을 때 마을 사람들의 보호를 받을 수 있었습니다. 6·25 전쟁 때 수많은 부자들이 격분한 마을 사람과 노비들에게 공격당했지만 이들은 오히려 마을의 보호와 보살핌을 받았지요. "베푼 대로 받는다."라는 말이 그것입니다. 맹자는 다음과 같이 말합니다.

> 이익이 넉넉한 자는 흉년이 그를 죽이지 못하고, 덕德이 넉넉한 자는 간사한 세상이 어지럽게 하지 못한다.*

재물이 넉넉하면 흉년이 와도 괜찮겠지만, 자신만 챙긴다면 그 부는 결코 오래갈 수 없습니다. 계속되는 흉년은 사람들을 도둑으로 내몰고, 움켜쥔 손의 것까지 빼앗게 하는데, 과연 그 혼란 속에서도 부를 유지할 수 있을까요?

덕은 어떤 세상에서도 살아남을 수 있는 힘입니다. 부자의 책임을 다해 덕을 베푸는 것은 세상을 얻는 것과 같죠. 눈에 보이는 부에만 집착한다면 부의 유효기간은 짧아질 것입니다. 그들이 마음의 부를 갖추어 의무를 다하고 나아가 나눌 수 있다면 대를 이어 넉넉하고 부유하게 살 수 있지 않을까요? 진정한 부자는 그렇게 이루어집니다.

* 『맹자』「진심 하」

익숙해지지 않기를

도모하기를 좋아해 성공으로 이끄는 자와 함께할 것이다

好謀而成者也 호모이성자야

2009년 6월 25일, 팝의 황제 마이클 잭슨Michael Jackson은 만 50세의 나이로 세상과 이별합니다. 프로포폴propofol이 원인이라고 밝혀진 그의 죽음에 많은 사람들이 안타까워했지요. 그는 유럽 콘서트를 준비하면서 불면증과 불안에 시달렸고, 6주 동안 매일 마취제인 프로포폴을 맞았다고 하네요. 철없던 시절부터 노래했던 마이클인데, 무엇이 그를 불안하게 했을까요?

마이클 잭슨이 마지막 투어를 발표하는 행사장에서 그를 찍었던 사진작가 김명중 씨는 마이클이 매우 떨었고 긴장하고 있었다고 말합니다.* 평생을 무대 위에서 노래하고, 주목받고 살았던 전

설적인 그가 떨었다니 말이 되나요? 그런데 오랫동안 그 누구도 닿을 수 없던 최고의 자리를 차지할 수 있었던 이유는 늘 떨리는 마음으로, 첫 무대처럼 섰기에 가능했을 것입니다.

공자가 제자들에게 바랐던 자세 역시 그랬습니다. 어느 날 제자인 자로子路가 공자에게 물었지요. "선생님께서 삼군을 거느리신다면 누구와 함께하시겠습니까?" 자로는 당연히 자신과 함께할 것이라는 답을 기대했을 거예요. 다른 제자와 달리 전쟁만큼은 자신이 있었기 때문이죠. 하지만 공자의 대답은 의외였습니다.

> 맨손으로 범을 잡으려 하고 맨몸으로 황하를 건너려다가 죽어도 후회하지 않을 자와는 내가 함께하지 않을 것이다. 반드시 일에 임해서는 두려워하고 계획을 세우고 도모하기를 좋아해 성공으로 이끄는 자와 함께할 것이다.**

전쟁은 아무리 치밀하게 계획을 세우고 조심하고 또 조심해도 목숨을 앗아가고 삶을 황폐하게 합니다. 또 전쟁을 겪은 사람들은 무사하다 해도 정신적 트라우마에 시달리기도 하지요. 한데 승리만을 목표로 하는 장수는 부하나 백성들의 불안과 두려움,

* 『오늘도 인생을 찍습니다』, 김명중 지음, 북스톤, 2019

** 『논어』「술이」

이후의 삶에 아랑곳하지 않고 오직 승리만을 위해 무력을 앞세우고 무용武勇을 자랑합니다. 이긴다 하더라도 숱한 희생 위의 승리입니다. 조심하고 또 조심하며 두려워하고 도모해서 피해를 최소화한 승리야말로 값지죠. 이 때문에 진정한 장수는 계획을 세우고 조심하고 두려워함을 멈추지 않습니다.

수십 년을 정상에 있었던 마이클 잭슨이 무대에 오르기 전 바들바들 떨었다는 김명중 작가의 글을 읽으면서, 수많은 루머에도 무너지지 않고 오랫동안 팝의 황제로 군림할 수 있었던 이유를 알 수 있었습니다. 늘 조심하고 긴장하고 두려워하며 익숙해지지 않으려고 애쓰는 것. 전장을 앞둔 장군도, 무대에 오르는 가수도, 그리고 우리도 생각해야 할 부분입니다.

'때문에'가 아닌 '덕분에'

군자는 평생의 근심은 있어도 하루아침의 걱정은 없다

君子 有終身之憂 無一朝之患也 군자 유종신지우 무일조지환야

오래전 연이어 병원 신세를 지던 때가 있었습니다. 처음에 다리가 부러져 병원에 입원했을 때는 시간이 지나면 나을 것이라는 안도에 오랜만에 주어진 휴식이라고 생각했었죠. 그런데 6개월 뒤 암 수술을 하게 되었고, 또 6개월 뒤 다른 수술을 하고, 또다시 8개월 후 수술을 하게 되자 두려움이 몰려왔습니다. 그러면서 게을러서 못한 것에도 '병 때문'이라는 핑계를 대기 시작했습니다. 게으른 것도 안 한 것도 능력에 부친 것도 다 '병 때문에'였지요.

'때문에'는 당당히 빠져나갈 구멍이었지만, 그럴 때마다 마음은 무거워졌고 편치 않았습니다. 게으름 때문임을 제가 아는데 자신

과 남을 속이고, 거기에 동정까지 받으니 편할 리가 없죠. 핑계와 죄의식의 이중적 감정으로 괴로워할 때 선배 언니가 조심스레 '때문에'가 아니라 '덕분에'로 말을 바꾸는 것이 어떠냐고 했습니다. 아팠던 것 덕분에 늦어도 게을러도 괜찮다는 것을 알게 되었고, 조바심해도 결국 제 길로 가게 된다는 것을 깨닫지 않았느냐는 것이죠. 그 말이 참으로 좋았습니다. 같은 3음절 단어지만 선택에 따라 내용도 달라지고 태도까지 달라졌지요.

'때문에'는 핑계지만 '덕분에'는 감사입니다. '때문에'는 발끝에 놓인 하찮은 걱정거리가 모여 자신의 인생을 부정적으로 만들지만, '덕분에'는 자신의 인생을 긍정적으로 만들어줍니다. 즉 우리가 삶을 가꾸며 평생 지녀야 할 힘입니다. 작은 선택 하나가 생각과 태도를 바꾸고 자신을 갖게 하며 결국 인생까지 변화시킨다는 점에서 의미 있는데요. 이는 맹자의 말과도 연결됩니다.

군자는 평생의 근심은 있어도 하루아침의 걱정은 없다.*

우환 없는 삶도, 우환 없이 살아가는 사람도 없습니다. 한데 우환을 어떻게 받아들이냐는 다르지요. 우환을 '덕분에'로 받아들이면 자신이 걸어야 할 길이 보이고 그 길로 인해 삶이 풍요로워

* 『맹자』「이루 하」

집니다. 반면에 우환을 '때문에'로 받아들이면 책임은 사라지고 매 순간 남 탓과 걱정, 핑계만 남게 되죠. 그 때문에 게을러지고 무책임하게 됩니다. 나의 인생인데도 내가 돌보지 않고 남에게 떠넘기는 것은 참으로 안타깝습니다. '때문에'를 '덕분에'로 바꿔야 할 이유죠. 평생의 근심은 '덕분에'를 지렛대 삼아 평생 걸어야 할 '나의 길'입니다. 자신이 책임지고 함께하기에 감사로 마무리되지요. 이것이 '덕분에'의 힘이며, 군자는 '덕분에'의 사람인 것이죠.

같은 것 같은데 아닌 것

:

겉으로는 비슷하지만 아닌 것을 미워한다

惡似而非者 오사이비자

세상에는 비슷한 것이 참으로 많습니다. 올 초에 2년 정도 쓴 휴대폰이 자주 꺼져서 완전히 고장나기 전에 바꾸려고 이동통신사 홈페이지를 찾아 전화했죠. 그런데 예전과 달랐습니다. 예전엔 전화로 예약한 후 구매자가 직접 대리점에 가서 휴대폰을 받았는데, 이번에는 굳이 택배로 보내준다는 것이었어요. 이상했지만 특별한 사은품도 있어서 주소와 주민등록번호를 알려주었죠. 그런데 다음날 통신사에서 전화가 왔습니다. 주문을 확인하는 줄 알았더니 그곳에서는 제가 휴대폰을 예약한 사실을 모르고 있었습니다. 휴대폰을 샀던 홈페이지에 들어가 꼼꼼히 확인해보니 통신사 홈페이지랑 똑같이 만들어놓은 유사 홈페이지였습니다. 통신사 홈페이지가 아니라는 것을 알았기에 해약을 요청하니, 직원은 어제의 친절함과는 거리가 먼 불친절로 응대하면서 자신이 했던 말을 부인하고 전적으로 제 잘못인 양 짜증을 냈습니다. 홈페이지를 똑같이 만들어놓고 저처럼 잘 모르는 사람을 유인하는 곳이 이곳뿐일까요? 이렇듯 '같은 것 같지만 아닌 가짜'라는 뜻의 '사이비似而非'는 『맹자』의 한 구절에서 유래했습니다.

> 공자는 "겉으로는 비슷하지만 아닌 것"을 미워한다.*

비슷하기 때문에 현혹되기 쉽고 꼼꼼히 보지 않으면 속게 됩니다. 휴대폰은 취소하면 그만이지만, 한순간 잘못 판단하거나 잘못된 곳에 발을 디뎌 자신과 공동체를 망치는 경우도 있지요. 공자는 "자주색이 붉은색을 빼앗는 것을 미워하며, 정나라의 음악이 아악을 어지럽히는 것을 미워하며, 말 잘하는 입이 나라를 전복시키는 것을 미워한다."** 라고 말합니다. 자주색은 붉은색과 비슷하지만 결코 붉은색은 아니죠. 정나라 음악은 음탕하고 자극적이어서 쉽게 빠지게 되는데, 이를 좋아하면 클래식한 아악은 멀

---

* 『맹자』「진심 하」

** 『논어』「양화」

리하게 되죠. 뛰어나고 화려한 말솜씨는 사람을 현혹시킵니다. 이 모든 것들은 보기에 좋고 화려하며 멋지지만 결국 사람을 망치는 요소들이죠. 맹자는 이어서 공자의 말을 빌려 "향원을 미워하는 것은 덕德을 어지럽히는 것이 두려워서"*라고 말합니다. 향원은 표면적으로는 점잖고 도덕적이며 흠잡을 데가 없어 스스로도 옳다고 여기죠. 또 풍속을 따르며 세속과도 영합하니 사람들이 좋아해 인기도 누리고 존경과 인정도 받습니다. 하지만 그들은 비슷할 뿐 진짜가 아닙니다. 특히 그들이 미치는 영향력은 결국 덕을 해치고 나아가 덕을 불신하게 만들기도 하죠. 이처럼 같은 것 같지만 아닌 것, 틀린 것은 오히려 진짜를 불신하게 만듭니다. 사이비가 무서운 이유죠.

* 『맹자』「진심 하」

초시대를 살아가는 힘

:

자기를 버리고 남을 따르다

舍己從人 사기종인

오늘날 5G, 빅데이터, AI, 사물인터넷 등이 우리의 삶에 들어와 경계는 사라지고 모든 것이 연결된 초연결, 초시대, 초융합, 초지능의 사회로 나아가고 있습니다. 하지만 갈등은 더욱 다양해지고 경쟁은 더 치열해졌죠. 세계를 가로막는 벽이 사라지고 함께할 수 있는 길도 더욱 다양하고 넓어졌다지만 현실은 그렇지 않습니다. 사람들은 더욱더 듣고 싶고 보고 싶은 것만 듣고 볼 뿐 아니라, 다르거나 싫은 것은 아예 차단하고 심할 경우 공격적으로 대합니다. 개인을 둘러싼 벽은 전보다 더욱 견고해지고 높아졌으며, 개개인의 세계는 한없이 단단해졌습니다. 그러다 보니 저마다 생각의 구덩이에 갇혀서 '우물 안 개구리'가 되어가고 있죠.

세상은 여러 생각과 발상, 호불호가 함께 공존할 때 더욱 다양하고 조화로우며 안정되어 비로소 함께 사는 세상이 됩니다. 이처럼 다름을 받아들이고 함께하는 것, 열린 사람만이 가능한 능력이죠.

바로 순임금이 그런 사람이었습니다. 그는 묻기를 좋아했고 잘 들었습니다. 옳고 귀한 말이 자신의 편견과 아집에 묻혀 버려질까 노심초사했고, 뛰어난 현자를 알아보지 못할까 걱정했지요. 경청함으로써 생각을 확장하고 그 범위를 넓혔으며, 혹 관심이 미치지 못해 버려지는 자가 없도록 했습니다. 또 의지할 곳 없는 자들이 버림받거나 학대당하지 않도록 관심을 가졌으며, 곤궁하거나 굶주리거나 외로움에 스스로를 포기하는 자도 없도록 했습니다. 비천한 말에도 귀를 열었기에 누구든 임금에게 자신의 생각을 말할 수 있었고, 임금이 자기의 말에 공감했기에 말하는 이는 신바람이 났습니다. 상대방의 장점은 드러내주고 약점과 단점은 감춰주었기 때문에 모두 힘내서 일할 수 있었죠.

> 자기의 주장과 편협된 생각을 버리고 남의 올바르고 귀한 생각을 따른다.*

* 『맹자』「공손추 상」

이는 옳음의 방향성과 중심이 확고하면서 겸손하기에 가능했던 것입니다. 귀가 크고 열려 있기에 다양한 생각을 받아들일 수 있었고, 자신감을 높이 사고 상대방을 존중하고 사랑하는 마음이 바탕이 되었기에 상대방의 마음을 얻을 수 있었지요.

오늘날 우리는 어떤가요? 나를 낮추어 남의 목소리에 귀 기울일 수 있나요? 내가 먼저 해야 다른 사람도 따르고, 내가 먼저 손 내밀 때 다른 사람도 마음을 엽니다. 진정한 초시대는 여기에서 시작됩니다.

불위와 불능

왕이 왕 노릇 못 하는 것은 하지 않는 것이지 할 수 없는 일이 아니다

王之不王 不爲也 非不能也 왕지불왕 불위야 비불능야

세계적인 축구선수 유벤투스Juventus FC의 크리스티아누 호날두Cristiano Ronaldo는 늘 화제를 뿌리고 다닙니다. 그가 한국 시간으로 2019년 11월 11일, 이탈리아의 알리안츠 스타디움에서 열린 '2019/2020 이탈리아 세리에 A' 경기 중 교체된 뒤 경기장을 이탈하면서 또다시 뉴스의 중심에 섰습니다. 그 뉴스를 접하면서 과거 2019년 7월 26일 한국에서 있었던 유벤투스와 K리그 올스타의 친선경기에서도 벤치만 지키던 그가 떠올랐습니다. 그날 경기를 보기 위해 수많은 사람들이 경기장을 찾았지만, 그는 벤치만 지켜 빈축을 샀습니다. 그의 내한 경기에 대한 기대는 실로 엄청나 6만 5천 장

의 티켓이 2시간 만에 매진되었다고 하는데, 그는 수많은 관중들의 연호에도 움직이지 않았죠. 그날 몸이 아팠다고 했지만 경기가 끝난 후 올린 SNS 게시물을 보면 몸이 아팠던 게 아님을 알 수 있었죠. 실력은 세계적이지만 인성은 그렇지 못함을 노골적으로 보여준 사례입니다.

맹자는 제선왕에게 '하지 않는 것(불위不爲)과 하지 못하는 것(불능不能)'에 대해 다음과 같이 설명합니다.

> 태산을 끼고서 북해를 건너뛰는 것을 "내가 못한다."라고 말하면, 이는 진실로 못하는 것입니다. 하지만 어른을 위해 가지 꺾는 것을 "내가 못 한다."라고 말하면 이는 하지 않는 것이지, 못하는 것이 아닙니다. 왕께서 왕 노릇 못 하는 것은 태산을 끼고서 북해를 건너뛰는 종류가 아니라, 가지를 꺾는 종류의 일을 하지 않는 것입니다.*

태산을 옆에 끼고 북해를 건너는 일은 그 누구도 할 수 없는 불가능한 일입니다. 하지만 어른을 위해 가지를 꺾는 것은 누구나 쉽게 할 수 있는 일이죠. 호날두가 그날 몸이 안 좋았다 할지라도 기대에 차 있던 수많은 관중들을 위해 잠시나마 경기를 뛰는 것

* 『맹자』「양혜왕 상」

은 충분히 가능한 일이었을 겁니다. 그러나 껌을 씹으며 벤치에 앉아 있는 모습은 아픈 사람의 모습이 아니었고, 귀걸이까지 끼고 있었던 것은 애초에 뛰겠다는 의지가 없었음을 말해주죠. 또 경기엔 뛰지 않았는데 집에서 운동하는 사진을 SNS에 올린 것은 뭐라고 해석해야 할까요?

이와 마찬가지로 맹자는 백성들이 굶주리거나 얼어 죽는데도 자신의 책임이 아니라고 하는 통치자를 향해 '하지 않는 것'이라고 말합니다. 통치자는 백성들이 극한에 이르지 않도록 해야 하는 책임을 가졌습니다. 그 책임을 완수하지 못한 것을 세상 탓으로 돌린다면 통치자로서의 자격은 없는 것이죠. 실력은 뛰어나지만 선수로서의 자질은 빵점인 호날두처럼.

해봐야 할 수 있다

:

사람으로 하여금 기술을 터득하게 할 수는 없다

不能使人巧 불능사인교

유대인의 교육은 '물고기를 주는 것이 아니라 물고기 잡는 법을 가르쳐주는' 교육이라고 말합니다. 물고기를 잡을 줄 몰라도 물고기가 있으면 당장 편하게 요리해서 먹을 수 있겠지만, 훗날 스스로 물고기를 잡아야 할 때 허둥댈 것입니다. 그러나 물고기를 잡을 줄 알면 주어지지 않아도 스스로 잡아서 먹을 수 있지요. 유대인들의 창의성과 집중력, 생활력을 말해주는 대목입니다.

이와 반대로 우리의 교육은 아이들에게 생선을 요리해 멋지게 플레이팅한 것을 내주는 것에 비유하지요. 아이는 가만히 앉아 요리된 음식을 먹기만 하면 됩니다. 그러다 보니 물고기가 있어도 어떻게 해야 할지 모르죠. 자신이 직접 해보지 않으면 어려움도 모를 뿐 아니라 유사시에 허둥대기만 합니다. 그럼에도 남에게 뒤처지는 것을 견디지 못하고, 기다리는 것을 배우지 못했으니 결국 부모님이 해주게 되지요.

> 목수와 수레 만드는 사람이 사람에게 걸음쇠와 자를 줄 수는 있지만, 사람으로 하여금 기술을 터득하게 할 수는 없다.*

맹자는 기술을 얻기 위해서는 본인이 직접 경험해야 한다고 말합니다. 걸음쇠와 자가 있다 해도 목수와 수레 제작자의 기술은 하루아침에 익힐 수 없습니다. 오랜 세월 나무 고르는 것부터 몸으로 배우고 익힌 다음 알맞은 나무를 찾고 다듬으면서 손에 익혀야 하지요. 그것은 걸음쇠와 자만 있다고 할 수 있는 것이 아닙니다. 만약 오랜 시간 속에서 스며들 듯 익혀지는 기초 없이 나무부터 다루려 한다면 가능할까요?

한국이 낳은 세계적인 축구선수 손흥민은 어린 나이에 독일로 가죠. 그곳에서 축구의 기초를 단단히 익혔기에 오늘날 세계 속에 우뚝 설 수 있었습니다. 그를 통해 기초와 기본기가 얼마나 중

* 『맹자』「진심 하」

요한지를 알 수 있는데요. 왼발과 오른발을 자유자재로 쓰는가 하면 볼을 어떤 장소에서 잡든 빠른 발로 정확하게 골인시키죠. 이렇게 되기까지 했던 고생은 말로 표현할 수 없을 겁니다. 지금 그에게 보내는 세계인의 찬사와 영광은 기초와 기본기에 오랜 시간을 들이며 노력한 대가죠. 낯선 땅에 데려가 생선 잡는 법을 가르쳐준 아버지, 그리고 언어가 통하지 않는 환경을 묵묵히 견뎌낸 노력이 있었기에 얻어낸 영광입니다.

오늘날 우리는 기초와 기본기는 무시하고 외관을 아름답게 꾸미는 플레이팅에만 집중하고 있지 않나요? 걸음쇠와 자를 들고 배우고 익히는 과정을 무시한다면 과연 경쟁에서 이길 수 있을까요? 남이 해준 요리만 먹던 사람이 물고기 잡는 것부터 익힌 사람을 이길 수 있을까요? 기초와 기본기를 튼튼히 하는 것, 우리가 해야 하는 일입니다.

현명함을 가르칩니다

:

호소와 하소연이 행해지지 않는다면 현명하다

譖愬不行 可謂明也已矣 참소불행 가위명야이의

지금 우리는 눈을 뜨는 순간부터 잠들 때까지 스마트폰과 함께 살고 있습니다. 스마트폰은 엄청난 양의 정보가 어마어마한 속도로 실시간 업로드되고 전달되며 세계와 나를 연결해주고 있죠. 유튜브의 경우 1분마다 400시간이 넘는 분량의 새 동영상이 업로드되고, 한 달 이용자 수는 19억 명이나 되며, 세계인이 매일 10억 시간을 시청* 한다니 놀랍기만 합니다.

그런데 문제는 이러한 플랫폼을 통해 돈과 인기가 따르니 누군가 조회 수를 올리려 자극적인 정보를 생산하기도 하고, 잘못된 정보를 유통하기도 한다는 데 있죠. 그뿐 아니라 뉴스와 기사도 점점 자극적으로 변하고, 내 편과 네 편을 나누고 있습니다. 자신의 견해와 같으면 옳고, 다르면 가짜로 낙인을 찍죠. 호불호에 따라 옳고 그름이 결정되는 지금의 위험한 시대에서는 무엇보다 현명한 판단이 필요합니다. "믿을 만한 것을 믿는 것이 신이고, 의심할 만한 것을 의심하는 것 또한 신이다."[**]라는 순자의 말처럼 의심하는 것 또한 어리석은 결정을 막을 수 있는 방법이지요. 현명한 판단에 대해서 묻는 자장子張에게 공자는 이렇게 대답합니다.

> 물이 스며들 듯이 서서히 젖어 드는 호소와 피부로 느껴지는 하소연이 행해지지 않는다면 현명하다고 할 수 있다. 서서히 젖어 드는 호소와 피부로 느껴지는 하소연이 행해지지 않는다면 뛰어나다고 이를 만하다.[***]

누군가의 호소와 하소연, 울부짖음은 많은 사람의 마음을 움직입니다. 사람들은 얼마나 억울하면 저럴까 싶어 사실 여부를 가리지 않고 공감하고 안타까워하고 함께 분노하고 억울해하며 맞장구치기도 하죠. 특히 친분이 있거나 신뢰하는 사람의 호소는

---

* 『중앙일보』「1분마다 400시간 업로드되는 유튜브...구글은 어떻게 유튜브를 황금거위로 키웠나」, 2019년 1월 1일

** 『순자』「비십이자」

*** 『논어』「안연」

의심하지 않고 100% 진실로 받아들이기도 합니다. 그뿐 아니죠. 길을 지나다 마지막 세일이라는 현수막에 충동적으로 물건을 사기도 하고, 곧 매진을 외치는 홈쇼핑 쇼호스트의 흥분된 목소리에 전화 버튼을 누르기도 합니다.

공자는 호소와 하소연, 분노와 억울함, 친분과 충동 등에 흔들리지 않고 옳고 그름을 가려 이성적으로 판단하고 행동하는 것을 현명하다고 말하죠. 그 어느 때보다 마음을 빼앗고 흔드는 것이 많으며 쉽게 접할 수 있는 세상입니다. 지혜롭지 않고 바르게 판단하지 않으면 잘못된 선택으로 생기는 후회와 손해까지 나의 몫이 되죠. 현명할 수 있는 안목을 갖추는 것, 자신이 반드시 갖춰야 할 능력입니다.

인생
문장

6부

나아감

뉴트로 시대

:

옛것을 익혀서 새로운 것을 창출한다

溫故而知新 온고이지신

씨름의 인기가 부활했다는 소식을 들었습니다. 30년 전, 이만기 선수와 강호동 선수가 씨름판을 휩쓸며 전성기를 이끌 때 씨름은 국민 스포츠였습니다. 하지만 시간이 지나면서 씨름은 추석 방송의 구색 맞추기용 콘텐츠로 전락했지요. 그런 씨름이 요즘 다시 부활하다니요! 반가움에 정말 젊은이들 사이에서 인기 있는지 확인하기 위해 검색해봤습니다. 조회 수가 50만, 90만, 180만이 넘고 심지어 300만이 넘는 영상도 있었지요. 씨름의 부활은 사실이었습니다. 영상 속 선수들은 잘생긴 데다 몸매 또한 근육질이었지요. 체중에 상한제를 두어서 뚱뚱하기만 한 선수가 없다는 것도 관객들을 사로잡은 요인이었던 것 같습니다. 게다가 실제 경기장에서는 관객들이 씨름판 가까이에 앉아 선수들의 움직임에 따라 모래가 튀기는 것을 즐기며 씨름의 묘미를 직접 느낄 수 있다고 합니다.

일본의 국기國技인 스모相撲는 경기 티켓이 10분만에 매진될 정도로 굴곡 없이 오랫동안 국민들의 사랑을 받아온 반면 우리의 씨름은 저물고 있어 안타까웠지요. 그렇기에 씨름의 부활은 더욱 반가운 소식이었습니다.

씨름이 인기종목으로 다시 거듭나게 된 이유는 무엇일까요? 전통만 고집하지 않고 전통을 재해석해 새롭게 함으로써 이루어진 값진 결과라고 생각합니다.

옛것을 익혀서 새로운 것을 창출한다.*

공자가 강조한 '온고이지신溫故而知新'입니다. 이는 과거에 축적된 결과물을 익혀 자신의 것으로 함으로써, 그것을 바탕으로 오늘에 맞는 창조가 이루어짐을 말합니다.

과거에는 좋았지만 오늘에는 맞지 않는 것이 많습니다. 그럼에도 그것만을 고집하는 것은 보전에만 의미를 두는 것으로, 고루

* 『논어』「위정」

해져 현실과 소통하기 어렵습니다. 보전도 중요하지만 오늘에 맞는 재해석을 통해 전통과 현대를 조화시킨다면 세대를 넘어 두루두루 좋아할 수 있는 생명력을 지니게 되지요. 생명이 있어야 살아서 숨 쉬는 것처럼 전통도 그렇습니다. 재해석된 전통은 옛 모습에 새로운 모습까지 지녀 생명을 지니게 되지요. 이를 위해 변화를 이끌고 새롭게 할 지혜와 시대를 꿰뚫고 아우르는 통찰력이 필요합니다. 그럴 때 전통은 새로움new과 복고retro를 합친 '뉴트로new-tro' 문화로 거듭나 생생하게 살아있게 됩니다.

뉴트로 열풍이 불고 있는 지금, 모처럼의 기회를 극대화하기 위해서 여기에 이야기를 입힌다면 순간의 유행으로 끝나지 않고 문화로 자리 잡지 않을까요? 과거와 현대의 조화를 받쳐줄 수 있는 이야기가 있다면 또 하나의 한류 콘텐츠가 탄생하게 될 겁니다.

문제는 경제야, 이 바보야!

일정한 재산과 직업이 없으면 떳떳한 마음도 없다

無恒産 因無恒心 무항산 인무항심

최근 이집트에서는 대통령 압델 파타 엘시시Abdul Fatah al-Sissi를 반대하는 시위가 일어났습니다. 그는 이집트 최초의 민선 대통령인 무함마드 무르시Mohamed Morsy 정부를 무너뜨리고 정권을 잡았지만, 이후 군부의 부패, 반체제 활동가와 비판 언론을 억압하는 언론 탄압을 자행했습니다. 그뿐 아니라 청년 실업률이 32.6%나 되다 보니 청년들의 분노는 극에 달했고, 하루에 1달러로 살아야 하는 극빈층이 늘어난 것도 시위에 불을 지폈지요.

삶이 보장되지 않을 때 분노는 불이 옮겨붙듯 연속적으로 일어납니다. 최소한의 삶마저 보장되지 않는 현실은 분노한 그들을 거리로 내몰지요. 세상에서 가장 무서운 것은 벼랑 끝에 선 사람들이 아닐까요? 당장 살 수 없는 데다 언론마저 통제하는데 과연 총칼이 무서울까요? 이 때문에 통치자는 무엇보다 먼저 국민들의 기본적인 삶을 보장해야 합니다.

공자와 맹자가 강조한 것도 역시 경제였습니다. 공자는 백성들을 먼저 부유하게 하고 가르쳐야 한다는 '선부후교先富後教'를 말했고, 맹자는 안정된 삶을 이룰 수 있는 최소한의 '항산恒產' 보장을 말합니다. 부모를 모시기에 충분하고 가족이 먹고살기에 문제가 없다면, 백성은 한결같은 마음을 지닐 수 있어 정치하는 데 어려움이 없다는 것이죠. 만일 풍년이 되어도 삶이 괴롭거나 흉년이 되어 목숨마저 부지할 수 없다면 정치는 불가능하다고 보았죠.

> 삶을 영위할 수 있는 일정한 직업이나 재산, 안정된 삶이 없으면 그것으로 인해 사람이 지녀야 할 올바르고 떳떳한 마음이 없게 된다.*

이는 어떤 시대에도 통하는 불변의 법칙입니다. 국민의 삶이 보장되지 않는다면 국가를 위한 업적이 있어도 소용없지요. 과거 미국의 41대 대통령인 조지 부시George H. W. Bush가 걸프전에서 승리하

* 『맹자』「양혜왕 상」

자 미국 국민들은 매우 고무되었습니다. 군사와 외교에서 성공을 거둔 부시는 90%라는 높은 지지율을 얻으며 미국이 세계 평화를 주도한다는 '팍스 아메리카나Pax Americana'를 외쳤지요. 하지만 아버지 부시는 결국 재선에 실패해 빌 클린턴Bill Clinton에게 정권을 넘겨야 했죠. 부시의 발목을 잡은 것은 바로 경제였습니다. 당시 클린턴의 구호는 "문제는 경제야, 이 바보야It's the economy, stupid!"였습니다. 아무리 전쟁에서 이기고 국가의 위상을 높여도 결국 삶에 직접적인 영향을 미치는 경제가 불안하다면 국민들의 마음은 한순간에 돌아서지요. 맹자의 말처럼 항산이 중요한 이유입니다.

누구나 아는 비밀

자벌레가 몸을 움츠리는 것은 펴기 위함이다

尺蠖之屈 以求伸也 척확지굴 이구신야

'수능 한파'라는 신조어가 생길 만큼 매년 수능 때면 날이 추워집니다. 12월에 치르던 수능을 11월로 옮겼음에도 시험 때만 되면 신기하게도 추워집니다. 모든 학생에게 다 같이 적용되는 날씨인데 뭘 그리 예민하게 반응하냐고 하지만, 학생들 입장에서는 그렇지 않죠. 말 그대로 큰 학문, 대학으로 향하는 길이 쉽지 않습니다.

세상의 어떤 것도 만만한 것은 없습니다. 꿈과 계획이 크면 클수록 더 많은 시련을 견뎌야 하고 더 많은 위기와 좌절을 맛보게 됩니다. 이름 석 자를 당당히 드러낸 사람들을 보면 어려움 없이 그 위치에 이른 경우는 없지요. 그 자리에 서기까지 수많은 좌절과 위기, 실패가 삶의 과정처럼 자리하고 있었습니다. 그들을 보면 그러한 과정을 잘 이겨냈는지, 피하려 꼼수를 쓰다가 좌절하는지에 따라 미래가 결정됨을 알 수 있지요.

> 자벌레가 몸을 움츠리는 것은 펴기 위함이고, 용과 뱀이 겨울에 땅속에 칩거하는 것은 몸을 보존하기 위함이다.*

즉 우리의 삶에 없었으면, 혹은 겪지 않았으면, 피해 갔으면 하는 모든 힘든 과정은 보다 높이 오르기 위해 몸을 움츠리는 과정이라는 것이죠. 자신이 원하는 것은 모두 주어지고 원하는 삶을 살 수 있다면 과연 좋기만 할까요?

전 단것을 매우 좋아합니다. 어릴 때는 엄마가 숨겨놓은 사탕 한 봉지를 한밤중에 일어나 다 먹었던 적도 있었지요. 그다음 날 아침에 일어나니 입안에 혓바늘이 돋아서 밥을 잘 먹지 못했던 기억이 아직도 선명합니다. 단것을 좋아한다고 해서 늘 단것만 먹었다면 제 건강은 엉망이 되었을 겁니다. 당뇨병을 비롯한 다양한 질병으로 힘겨운 삶을 살았겠지요. 이처럼 좋아하는 것만, 원하는 것만 한다면 건강한 생활을 할 수 없습니다.

* 『주역』「계사 하」

삶은 참 오묘합니다. 자신이 원하는 삶을 살고, 하고 싶은 일을 하기 위해서는 그와 상관없어 보이는 다양한 삶의 계단을 오르고 건너야 하죠. 또 하기 싫고 힘든 상황도 이겨내야 합니다. 그것을 통해 삶은 더욱 풍요로워지고 단단해지며, 자신은 더욱 성장합니다. 수능일의 추위 또한 그런 게 아닐까요? 크게 펴기 위해 잠시 움츠리는 자벌레의 움직임처럼 보다 큰 세상으로 나가는데 필요한 통과의례 같은 것. 누구나 아는 이 비밀이 수험생들에게 힘이 되고 용기가 되었으면 합니다.

의심은 힘이 세다

:

도에 뜻을 두고 덕에 근거하며, 인에 의지하고 예에 노닐다

志於道 據於德 依於仁 遊於藝 지어도 거어덕 의어인 유어예

의심은 힘이 셉니다. 겨자씨만큼 작은 의심만으로도 온 세상을 흔들죠. 의심은 빨리 자랍니다. 뿌리를 내리는 순간 우주를 덮을 만큼 커집니다. 의심은 전파력이 강합니다. 믿을 수 없는 것도 확신이 되고 신념이 되며 어느 순간 사실이 되지요. 이렇듯 처음에는 작고 가녀리게 보여도 의심이 둥지를 튼 순간 순식간에 괴물로 자라 나를 지배합니다.

영화 〈메기〉는 그러한 의심에 대해 이야기합니다. 간호사인 윤영은 병원에 걸린 엑스레이 사진을 본 순간 자신의 것이 무단으로 유출되었다고 여기고 사직서를 제출하려 하죠. 그런데 윤영뿐 아니라 병원에 근무하는 사람들 모두가 그 사진을 자신의 것이라 확신해 결근을 합니다. 결국 한 장의 엑스레이 사진은 병원을 텅 비게 만듭니다. 이뿐만 아닙니다. 잃어버린 반지를 찾던 윤영의 남자친구는 후배의 발가락지를 본 순간 자신의 반지라고 생각하죠. 그 후로 후배의 모든 행동이 의심스러워 보였고, 급기야 후배의 지갑을 훔쳐 후배의 반지와 바꿉니다. 하지만 그 반지는 자신의 것이 아니었어요. 처음 후배를 의심한 순간, 그 생각은 확신이 되고 신념이 되어 바른 판단을 할 수 없었지요. 이처럼 의심은 어느 순간 스스로 몸집을 키워 그것을 믿게끔 만들죠. 영화에서는 "구덩이에 빠지면 가장 먼저 할 일은 구덩이를 파는 게 아니라 빠져나오는 것이다."라는 문구가 반복적으로 등장합니다. 의심이 들 때 바로 빠져나와야 의심에 먹히지 않는다는 것이죠.

> 도道에 뜻을 두고 덕德에 근거하며, 인仁에 의지하고 예藝에 노닐다.*

공자의 말입니다. 도와 덕, 인과 예는 우리가 지향해야 할 바른 길이죠. 도에 뜻을 두고 바름을 지향한다면 전체를 보는 통찰력을 갖추어 의심에 휘둘리지 않습니다. 또 덕에 근거한다면 타인을

* 『논어』「술이」

함부로 의심하지 않겠죠. 인에 의지한다면 너와 나를 하나로 여기는 삶을 살기에 의심이 뿌리내릴 수 없지요. 그리고 그것은 예에서 노니는 삶을 선물로 줍니다. 세상 모두가 의심에 흔들릴 때도 바르게 판단하고 덕과 인의 삶을 산다면 예의 경지에 이르러 마침내 자유인이 될 수 있지요.

하지만 오늘날은 인터넷을 매개로 수많은 의심이 연결되어 확신을 만드는 시대입니다. 한쪽 면밖에 보지 못하는 외눈박이가 세상을 어지럽히고 농단하기도 하지요. 의심이 나를 잡아먹지 않도록 하기 위해선 통찰력을 갖춰야 합니다. 그래야 의심의 구덩이에 빠져도 바로 빠져나올 수 있습니다.

신도 움직이는 차별화된 실력

산천의 신은 버려두지 않는다

山川其舍諸 산천기사저

많은 청춘들이 대학에 발을 디딘 순간부터 취업을 걱정합니다. 대입과 동시에 쫓기듯 취업 준비를 하거나 공무원 시험을 준비하는 학생들이 많은 게 현실이죠.

2019년 추석 연휴가 끝난 후 펼쳐본 신문에는 취업준비생 10명 중 8명이 부모를 스펙으로 인식*한다는 기사가 있었지요. 취준생 1,478명을 대상으로 한 조사로 오차를 염두에 둬야겠지만 집안, 배경, 부의 정도 등은 노력해도 안 된다고 생각하는 사람이

* 『경향신문』「취준생 10명 중 8명 "부모가 곧 스펙이다"」, 2019년 9월 18일

매우 많음을 보여줍니다. 그동안 우리가 겪은 지도층 인사들의 모습을 보면 그들의 생각을 무조건 반박할 수 없지만, 정말 꼭 그럴까요? 어느 정도는 맞지만 반드시 그렇다고 할 수는 없죠. 진짜 성공하는 사람은 자신의 실력과 노력의 힘으로 그 열매를 얻기 때문입니다.

중국 기업의 새 역사를 쓴 알리바바Alibaba의 창업자 마윈馬云이 그렇습니다. 그는 1999년 만 34세의 나이로 인터넷 상거래 업체인 알리바바를 창업했죠. 20년이 지난 지금 알리바바는 시가총액 5천억 달러에 이르는 아시아 최대 인터넷기업이 되었으며, 중국 내 전자상거래 점유율이 80%에 달합니다. 마윈은 삼수 끝에 지방대를 나왔고 취업에 계속 실패했습니다. 영어 교사로 일하며 생계를 이어가던 그는 결국 창업을 했는데, 그의 집에서 17명의 직원이 한솥밥을 먹으며 일해야 했지요. 그를 성공으로 이끈 것은 미래를 내다보는 통찰력과 세세한 것도 놓치지 않는 관찰력, 남과 다른 것을 가릴 수 있는 변별력, 적절한 시기에 배팅한 판단력과 실행력이었습니다. 그가 공무원 시험에 매달렸거나 대기업에 들어가려고만 했다면 불가능했겠죠. 그가 도전할 수 있었던 것은 자신의 열악한 조건과 배경에 주눅 들지 않고 능력을 발휘할 수 있는 길을 찾았기 때문이죠.

분명 우리 사회는 출발도, 기회도, 과정도, 결과도 공정하지 않고 불평등하며 주어진 배경을 중시하는 경향이 있습니다. 하지만 확고한 꿈과 미래를 내다보고 행동하는 실천력이 있다면 충분히 그것을 뛰어넘을 수 있지요. 공자는 말합니다.

> 얼룩배기 잡소의 새끼가 색이 붉고 또 뿔이 단정하면, 비록 쓰지 않고자 해도 산천의 신이 버려두겠는가?*

이것을 다시 풀어봅니다. '비록 부모의 배경이 없더라도 그 능력과 인품과 외모가 흠잡을 데 없이 뛰어나다면 사람들이 쓰지 않고자 해도 세상이 그를 버려두지 않는다.' 세상은 능력 있는 자를 찾고 있지요. 같은 조건이라면 인맥과 학맥, 지연이 통하지만 능력이 훨씬 뛰어나다면 고민할 필요가 없지요. 내 실력을 차별화하는 것. 그것이 부모를 스펙으로 인식하지 않는다는 10명 중 2명이 선택한 대답이며, 신까지 움직일 힘입니다.

* 『논어』「옹야」

당신은 결정장애인가요?

도리를 따르면 길하다

惠迪吉 혜적길

결정장애라는 말이 있죠. 짜장면을 먹을지 짬뽕을 먹을지 바로 결정하지 못하고 계속 고민하는 것처럼, 쉽게 선택을 내리지 못하고 망설이는 것을 말하는데요. 많은 사람들이 스스로 결정장애를 지녔다고 말합니다. 쉽게 결정하지 못하는 것이 음식이라면 다음에 다른 것을 먹으면 그만이지만, 함께할 사람이나 학교, 직장이라면 문제가 다릅니다. 자신의 미래와 직결되기 때문이죠.

미국의 시인 로버트 프로스트Robert Frost는 자신의 시 〈가지 않은 길The Road not Taken〉에서 숲속에 난 두 길을 통해 자신이 했던 선택을 떠올립니다. 그리고 그때 선택했던 길이 앞으로의 삶을 이룰 것이라고 말하죠. 이처럼 삶을 이끄는 선택 앞에 섰을 때 우리는 숱한 망설임 속에 놓이게 됩니다. 설령 눈앞에 놓인 길이 잘못되었다 할지라도 그것이 성공으로 가는 지름길이라면 거부하기 어렵습니다. 잘 포장된 길이 유혹하는 멋진 미래를 어찌 놓칠 수 있을까요? 하지만 그것이 잘못된 길임을 안다면 돌아서야 합니다.

> 도리를 따르면 길하고, 거스르는 길을 따르면 흉하니, 이는 그림자나 메아리와 같다.*

우임금의 말입니다. 바르고 올바른 도리를 따르는 것은 가는 사람이 없어 외롭고 당장 손해인 것처럼 보입니다. 그러한 선택으로 외톨이가 되거나 외면당하거나 거부당할 수도 있지요. 그럼에도 그 길을 가는 것은 그것이 제대로 된 길이기 때문입니다. 결국 자신에게 좋은 선택이 될 것입니다.

길게 보면 우리의 삶은 인과因果를 벗어나지 않지요. 인기가 있다 해서, 많은 사람이 간다 해서 거스르는 길을 걸으며 당장 잘되고 잘 나간다고 해서 교만하거나 오만해진다면 결국 그 선택으로 인해 후회할 일이 생기게 되죠. 이것이 인생입니다. 길게 보면 명명백백히 드러난다는 점에서 인생은 소름끼칠 만큼 계산이 정확

* 『서경』「우서」 '대우모'

하죠. 이 때문에 눈앞의 달콤함에 흔들릴 수 있지만 빠져서는 안 되며 두 마음을 품어서는 안 됩니다. 맹자가 "하늘을 따르는 자는 살고, 하늘을 거스르는 자는 망한다."* 라고 한 것도 그 때문이죠. 음식 앞에서 결정을 못 하는 것은 더 맛있는 것을 먹고 싶은 마음 때문이죠. 하지만 자신의 인생이 걸린 문제라면 옳고 바름을 중심에 두어야 합니다. 그렇다면 흔들리지 않고 결정할 수 있지 않을까요? 사람들이 몰려가는 길, 인기 있는 길, 조명받는 길이 아닌 자신의 길을 가는 것. 후회 없는 미래를 약속할 것입니다.

* 『맹자』「이루 상」

죽음 앞에서

아침에 도를 들으면 저녁에 죽어도 좋다

朝聞道 夕死可矣 조문도 석사가의

『장자』에는 800년이나 산 팽조彭祖가 나옵니다. 비현실적으로 장수했지만, 8천 년을 봄으로 살고 8천 년을 가을로 살았다는 나무 대춘大椿과 500년을 봄으로 살고 500년을 겨울로 살았던 나무 명령冥靈의 생과는 비교할 수 없습니다. 그와 함께 저녁과 아침을 모르는 하루살이 버섯과 봄과 가을을 알지 못하는 쓰르라미도 나오죠.[*] 매우 짧은 생을 살지만 그들은 나름 자신의 삶에 만족하며 삽니다.

* 『장자』「소요유」

장수長壽는 오랜 세월 사람들의 큰 소망이었습니다. 그렇다면 옛날 사람들의 평균수명은 얼마나 되었을까요? 조선시대의 경우 신분에 따라 차이가 있지만 평균 40~45세로 유추하는데, 영유아 사망률이 높아서 그보다 낮게 추정한다네요. 50년 전에도 평균수명은 55세를 넘지 않았다고 하니, 장수를 소망하는 것이 이해됩니다. 하지만 과학과 의료기술이 발달한 지금 평균수명은 90세를 향하고 있고 젊은이들의 경우에는 120세 정도가 될 것이라고 하죠. 이토록 수명이 길어졌지만 죽음 앞에 서면 충분히 살았다고 만족할까요? 그 역시 아쉬울 겁니다. 과연 아쉬움 없이 죽음 앞에 서는 사람이 얼마나 될까요?

그런데 왜 사는지, 무엇을 하며 살아야 하는지에 대한 고민 없이 그저 장수가 목적이라면 무슨 의미가 있을까요? 아침에 태어나 저녁에 죽는 목숨이라도 의미와 목적을 가지고 산다면 보다 가치 있지 않을까요?

> 아침에 도道를 들으면 저녁에 죽어도 좋다.*

이것은 공자의 버킷 리스트bucket list이기도 합니다. 사마천은 『사기』에서 태산보다 무거운 죽음이 있는가 하면 깃털보다 가벼운 죽

* 『논어』「이인」

음도 있다며 3천 년의 역사와 4천여 명의 인간 군상을 통해 어떻게 살며 어떤 삶을 살아야 하는지 제시합니다. 삶의 의미와 가치, 내용에 중점을 둘 때 장수나 요절夭折은 문제가 되지 않지요.

죽음 앞에서 자유로울 수 있는 사람은 없습니다. 어떤 삶도 죽음 앞에 서면 주어진 숙제를 다 못한 듯해 아쉽고, 죽음 이후를 모르기에 두려울 것입니다. 하지만 올바른 도를 행한다면, 그래서 사람다움을 이루었다면 당당하고 떳떳할 것입니다. 삶과 죽음이 다르지 않으며 여일如一하다는 것을 깨달을 때, 죽음을 맞이해도 미련이 없겠죠. 도를 깨닫고 행하는 것, 우리의 숙제이며 죽음을 넘어 영원히 살 수 있는 길입니다.

로또 1등! 100%

:

부귀는 하늘에 달려 있다

富貴在天 부귀재천

얼마 전 오랜만에 만난 지인이 활짝 웃으며 "로또 1등 음료수예요. 마시고 로또 1등 되세요."라고 말하며 병 음료를 내밀었습니다. 병에는 '로또 1등! 100%'라는 스티커가 붙어 있었습니다. 뭐냐고 물었더니, 길에서 음료수를 나눠주며 스티커에 원하는 문구를 쓰라고 해서 이렇게 썼다네요. 그 귀한 음료수를 제게 주다니…. 지인은 만약 로또를 사서 1등이 당첨되면 1%만 달라는 거였어요. 저는 10%를 주겠다고 했죠. 사지도 않은 로또로 1등을 꿈꾸며 잠시 행복했습니다. 많은 사람들이 부자를 꿈꾸죠. 한데 바란다고 부자가 되지는 않지요. 노력에도 한계가 있기 때문에 공자는 이렇게 이야기한 것인지도 모릅니다.

부귀는 하늘에 달려 있다.*

그런데 부자가 되는 것만큼 중요한 것은 어떤 부자가 되느냐가 아닐까요? 비리와 부정으로 이룬 부라면 그만큼 많은 사람의 삶과 인생을 망가뜨리며 쌓았을 텐데, 부자가 된들 그 부를 편히 누릴 수 있을까요? 그들의 원망과 분노를 견딜 수 있을까요? 그렇기에 올바른 방법으로 부자가 되는 것이 목표가 되어야겠고 그 부를 바르게 쓰도록 해야겠죠.

공자는 "나라에 도道가 있으면 가난하고 천한 것이 부끄러운 일이고, 나라에 도가 없으면 부유하고 높은 지위에 있음이 부끄러운 일이다."**라고 말합니다. 공정하고 정의로우며 기회가 주어지는 나라에서 가난하고 천한 것은 그 자신이 노력하지 않고 게을러서일 겁니다. 공정하기에 누구에게나 기회가 주어지고, 정의롭기에 바르고 부지런한 자에게 부가 돌아가기 때문이죠. 그런 나라에서 가난한 것은 본인 때문이지 사회나 남 탓을 할 일이 아닙니다. 하지만 불공정하고 부정한 나라라면 이야기가 다르죠. 그런 나라

* 『논어』「안연」

** 『논어』「태백」

에서 부유하고 높은 자리에 올랐다면 그것은 편법을 쓰거나 부정을 저질렀거나 아부를 했기 때문이죠. 부끄러운 일입니다.

열심히 노력하고 성실하며 남다른 생각과 실행의 결과로 부자가 된다면 박수받을 일입니다. 어떻게 부자가 되느냐는 매우 중요하니까요. 로또에 당첨되어 부자가 되는 것도 행운이 따랐기에 나쁠 게 없지만, 쉽게 들어온 부는 제 역할을 못해 오히려 사람을 망치는 경우가 많지요. 바르게 벌기는 어렵지만 쓰기는 더 어렵습니다. 저 역시 부자가 되고 싶지만 로또가 주는 교훈을 알기에 그동안 쉽게 로또를 살 수 없었죠. 하지만 '로또 1등! 100%'라니, 토요일까지 설레며 수많은 꿈을 꾸었지요. 매우 기분 좋은 선물이었습니다.

대장부가 되어서

뜻을 얻지 못하면 홀로 그 도를 행한다

不得志獨行其道 부득지독행기도

요즘 혼자서 즐기는 혼밥, 혼영, 혼행이 일상화되고 있습니다. 억지로 배려하고 맞추지 않아서 좋고 자유로워서 좋으며 상처받지 않아서 좋다는 것이 이유이죠. 저 역시 혼밥, 혼영, 혼행을 좋아하는데요. 얼마 전 "사람이 싫어서 혼자가 좋아진 사람들은 사람을 사랑했던 사람들이다."라는 글을 보았죠. 이 글이 마음을 후빈 것은 '혼자가 좋다'는 사람들 중 알게 모르게 사람에게 상처를 입고 혼자를 택한 사람도 있기 때문입니다. 그들 중에는 믿음에 배신당하거나, 사랑한 마음을 이용당하거나, 아낌없이 줬는데 비웃음으로 돌아오거나, 또 보듬었던 가족에게서 상처 입은 사람들도 있지요. 결국 혼자를 택한 것은 더 이상 상처받지 않고 스스로를 보호하기 위한 자발적 선택인 것입니다.

다행히 현대는 혼자서 할 수 있는 것들이 많습니다. 또 SNS를 통해 같은 관심과 취향의 사람을 랜선으로 만나 즐길 수도 있지요. 그런데 그 역시 누군가와 함께하기에 가능한 일입니다. 정보를 얻고 이용하는 것도 누군가의 도움이 있기 때문이지요. 그렇다면 혼자서도 충분히 즐길 수 있는 요즘, 혼자 즐기면서 세상과 함께하기 위해서는 어떻게 해야 할까요?

> 뜻을 얻으면 백성과 더불어 함께하고, 뜻을 얻지 못하면 홀로 그 도道를 행한다.*

맹자는 이러한 자를 대장부大丈夫라고 합니다. 즉 대장부는 뜻을 얻어 귀하게 되거나 부유하게 되어도 도리를 어기지 않고 백성과 함께하고, 뜻을 얻지 못해 가난하고 천하더라도 비굴하거나 굽히지 않고 도를 따르는 자입니다.

당시 맹자가 살던 전국시대는 많은 유세가들이 임금들을 찾아다니며 세 치 혀로 부국강병을 약속했습니다. 맹자는 그들과 달리 인의仁義로 왕도정치王道政治를 할 것을 왕들에게 권하죠. 하지만

* 『맹자』「등문공 하」

전쟁의 시대에 왕도는 너무나 비현실적이었습니다. 그럼에도 꿋꿋이 왕도를 외치는 맹자의 결연함과 당당함, 높은 자존감은 스스로를 대장부로 여기고 그렇게 행했기에 가능한 것이죠.

오늘날 혼자여도 무엇이든 할 수 있고 어디든 갈 수 있으며 불편함이 없습니다. SNS 속 페친, 인친, 트친을 비롯해 다양한 사람이 올려놓은 정보를 따라 새롭고 다양한 세계를 자유롭게 만날 수 있지요. 또한 자신의 것도 나누고 공유하며 행복을 누릴 수 있습니다. 무엇보다 스스로를 사랑하고 당당하게 세상을 향해 마음을 연다면 세상과 함께 혼자서도 떳떳하게 자신의 길을 걸을 수 있을 겁니다. 이것이 이 시대의 대장부 아닐까요?

행복을 얻는 쉬운 방법

경건함으로 자신을 닦아야 한다

修己以敬 수기이경

한 해가 질 때면 사람들은 가는 해의 아쉬움과 함께 새해에 대한 기대로 덕담을 주고받으며 서로의 행복을 바랍니다. 이처럼 행복은 모든 사람의 바람이죠. 행복해야 서로를 위할 수 있고, 행복해야 평화롭지요. 아니 서로를 위할 때 행복할 수 있고 건강하고 넉넉하며, 평화로울 때 행복할 수 있습니다. 이 때문에 행복은 모든 연령과 세대가 가장 바라는 꿈이라고 할 수 있습니다. 그렇다면 행복하기 위해서는 어떻게 해야 할까요?

독일의 대문호인 괴테Johann Goethe는 '행복의 다섯 가지 원칙'을 다음과 같이 제시합니다. 첫째, 지난 일에 연연하지 않을 것. 둘

째, 미워하지 않을 것. 셋째, 사소한 일에 화내지 않을 것. 넷째, 현재를 즐길 것. 다섯째, 내일은 신에게 맡길 것. 이것이 우리가 행복할 수 있는 기본자세라고 합니다. 보통 행복과 동의어처럼 말하는 건강, 장수, 넉넉함 등이 아니라 누구나 쉽게 할 수 있는 행동을 제시했죠. 하긴 행복은 주어지는 것이 아니라 자신이 만들어가는 것이니까요.

많은 사람들이 수정할 수 없는 지난 일에 연연해 현재를 놓치는 경우가 많습니다. 한데 지난 일은 이미 내 손을 떠났기에 바꾸거나 고칠 수 없지요. 또 누군가를 미워한다면 가장 괴로운 것은 결국 본인입니다. 마음이 지옥이라면 과연 행복할 수 있을까요? 미워하는 마음을 없애야 행복은 성큼 다가오겠죠. 그런가 하면 화를 내지 않는 방법도 있습니다. 화는 내면 낼수록 더 화를 내게 되고 결국엔 화가 나를 잡아먹죠. 화에게 먹히지 않도록, 내가 화를 다스리는 주인이 되어야 합니다. 또한 현재에 충실해야 합니다. 과거에 얽매이면 현재는 사라지고, 미래만을 생각하면 이 역시 현재는 없습니다. 나는 현재에 살고 있는데 막상 현재가 없다면 얼마나 힘들고 재미없을까요? 잠깐 머무는 현재에 충실할 때 현재는 내 것이 됩니다. 어떻게 흘러갈지 모르는 미래는 신에게 맡깁시다. 현재를 열심히, 최선을 다해, 충실히 살며 즐긴다면 미래 역시 내가 간절히 바라던 대로 이루어지겠죠.

결국 행복은 밖에 있는 그 무엇이 아니라 내 스스로 해야 할 행동입니다. 이를 위해 자신을 닦는 수신이 중요하죠.

경건함을 유지하고 바름으로써 자기를 닦아야 한다.*

공자가 말하는 바도 바로 그것입니다. 먼저 자신을 닦는 것, 과거에도 미래에도 화에도 흔들리지 않고 자신과 현재를 행복하게 하는 방법입니다. 자신을 다스려 스스로 만든 행복이 진정한 행복 아닐까요?

* 『논어』「헌문」

그대의 꿈은 무엇인가요?

노인들은 편안하고, 벗들은 믿어주며, 젊은이들은 품어주다

老者安之 朋友信之 少者懷之 노자안지 붕우신지 소자회지

몇 년 전에는 건물주를 꿈꾸는 아이들이 많아 화제가 되었었는데, 요즘은 유튜버나 크리에이터를 꿈꾸는 아이들이 많다고 합니다. 오래전 초중학생들을 가르칠 때는 많은 아이들이 의사나 검사, 변호사, 사업가 등을 꿈꾸었죠. 세상이 이전과 많이 달라졌음을 실감합니다. 그런데 이런 아이들에게 그 일을 왜 하고 싶냐고 물어보면 그때나 지금이나 대답은 한결같습니다. 돈을 많이 벌기 때문이라고 하네요. 돈이 목적이라면, 돈 때문에 의사, 판사, 변호사, 건물주, 유튜버가 된들 과연 그 일이 행복할까요?

직업이 아닌 꿈을 물었더니 한 아이가 직업과 꿈이 어떻게 다르

냐고 되물었습니다. 직업은 자신의 삶을 위해 해야 하는 일인 반면 꿈은 자신이 하고 싶은 것이라고 대답했더니, 그게 그거 아니냐는 것이었어요. 삶을 위해 해야 하는 일과 좋아하는 것이 같은 것을 '덕업일치德業一致'라고 합니다. 그럴 수 있다면 참 좋겠죠.

공자는 50세가 넘어서야 정계에 발을 디딥니다. 처음엔 노나라 중도中都의 읍재가 되었고, 이후 토목과 건설을 담당하는 사공司空이, 이어 법을 담당하는 대사구大司寇가 되었죠. 56세에 재상의 일을 겸하며 안정된 국가를 이룹니다. 이에 위기를 느낀 제나라에서 미인과 말을 선물로 보내죠. 그러자 당시의 임금인 정공과 통치의 중심에 있던 계환자季桓子가 정치를 돌보지 않게 됩니다. 결국 공자는 노구를 이끌고 노나라를 떠나 13년간 이 나라 저 나라를 떠돌아다니면서 자신이 꿈꾸는 세상을 이루고자 했습니다. 과연 공자가 꿈꾼 세상은 무엇이었을까요?

> 노인들은 편안하고, 벗들은 믿어주며, 젊은이들은 품어주어 그들이 그리워하는 세상*

바로 이런 세상을 이루는 것이었습니다. 이는 오늘날 총선과 대선 때마다 후보자들이 외치는 구호이자 우리가 진정 바라는 세상

* 『논어』「공야장」

이 아닐까요? 정의롭고 공정하며 존중하고 배려해 서로를 신뢰하고 모두가 바르게 될 때 이룰 수 있는 세상이지요. 공자는 또한 소송이 없는 세상을 꿈꿨습니다. 얽힌 문제를 법정이 아닌 말로 해결하는 세상이죠. 이는 자신의 목소리를 낮춰서 경청하고 소통하고 공감하며 양보할 때 가능합니다.

이것이 어찌 공자만의 꿈일까요? 우리 모두의 꿈입니다. 이는 아이들에게 직업이 아닌 꿈을 알려주고 무엇을 하든 사람과 시스템, 사회가 바뀔 때 가능합니다. 돈을 많이 버는 것도 중요하고 좋지만 자신의 꿈 때문에 세상이 바뀌고 모두가 행복할 수 있다면 더욱 좋지 않을까요? 아이들이 꿈꿀 수 있는 세상을 만드는 것, 어른들이 해야 할 숙제입니다.

선한 영향력이 되어

꾸밈과 바탕이 조화를 이룬 뒤에야 군자답다

文質彬彬然後君子 문질빈빈연후군자

세계의 스타로 성장하고 있는 한국의 아이돌! 아이돌뿐만 아니라 그 팬들의 활동에 관한 기사도 자주 접하곤 하는데요. 바로 그들이 함께 모여 봉사도 하고 기부도 하는 것이지요. 응원하는 스타를 빛내기 위해 연탄을 나르고 김장을 하는 그들은 좋은 사람이 되는 것 같다면서 스타의 선한 영향력good influence 덕분이라고 말합니다. 개그우먼 박지선은 학창시절 H.O.T.의 팬이었죠. 열심히 공부하라는 오빠들의 말 덕분에 전교 1등을 할 수 있었다는 그녀의 고백은 유명합니다. 이처럼 자신이 응원하는 연예인의 한마디에 행동과 마음이 달라지는 것을 선한 영향력이라 할 수 있지요.

그런데 공부도 봉사도 자발적으로 하고, 소외된 이웃에도 관심을 갖는 등 스스로 변화하는 것은 애초에 그 마음에 선한 씨앗이 있었기 때문 아닐까요? 거기에 필연적인 동기가 부여되니 곧바로 행하게 되는 것이죠. 내가 응원하는 사람이 노래를 잘 부르고 연기도 잘하고 멋있는데 알고 보니 인성도 좋다면, 나 또한 그래야 한다는 당위가 성립되는 것이죠. 즉 능력이 좋아하게 된 동인이라면 인성은 그 능력을 빛나게 하는 요인입니다. 능력과 인성이 함께 갈 때 매력을 느끼고 빠져들며 따르게 되지요.

> 바탕이 꾸밈을 이기면 촌스럽고 꾸밈이 바탕을 이기면 화려하다. 꾸밈과 바탕이 조화를 이룬 뒤에야 군자답다.*

공자는 군자에 대해 이렇게 말합니다. 즉 내면과 외면이 함께 갖춰질 때 자신도 빛나고 남에게도 영향을 끼쳐서 의로운 일에 함께 동참하는 멋진 존재가 될 수 있지요. 공자는 제자들이 내면과 외면을 갖춘 군자가 되기를 바랐습니다. 내면이 갖춰져도 외면이 따르지 않으면 영향력을 미치기 어렵고, 외면이 화려해도 내면이 부실하고 초라한 사람이라면 자칫 잘못된 길로 빠지기 쉽죠. 내면과 외면이 조화를 이룰 때 경건과 겸손, 양보와 배려로 남과 함께

* 『논어』「옹야」

할 수 있어 소통하고 공감하며 조화를 이룹니다. 남들이 알아주지 않아도 흔들리지 않으며, 늘 바른 길을 걸을 수 있는 것도 조화로운 사람이 할 수 있는 경지지요.

우리의 아이돌들은 나이도 어리고 사회적 경험도 많지 않으며 수많은 사람들의 관심과 주목 속에서 자유로울 수 없음에도 의젓하게 제 역할을 톡톡히 하고 있습니다. 이들이 큰 영향력을 가졌다는 점에서 안과 밖이 조화로운 군자가 된다면, 곧 세상을 바꿀 수 있는 힘이 되지 않을까요? 그런 면에서 그들의 선한 영향력이 매우 기대됩니다.

얼마나 많이 가지고 있나요?

집에 거처하기를 잘했다

善居室 선거실

살아가는 데 꼭 필요한 물건은 얼마나 될까요? 200년 전만 해도 일상에서 100개가 안 되는 물건을 지니고도 불편하지 않았는데, 제2차 세계대전 이후부터는 1천 개 정도, 현재는 1만 개가 넘는 물건을 사용하면서도, 우리는 늘 부족함을 느낍니다.

〈100일 동안 100가지로 100퍼센트 행복찾기100 Things〉라는 영화는 수많은 물건 속에서도 항상 부족하게 여기며 사는 우리의 삶을 돌아보게 합니다. 뻔한 내용이지만 눈여겨보았던 것은 꼭 필요하지 않는데도 충동구매하는 저의 모습이 보였기 때문이었습니다. 스마트폰과 인터넷쇼핑몰 아마존Amazon 없이는 생활이 불가능한 폴은 아침에 눈을 뜨자마자 한정판 신발을 주문합니다. 그의 집에는 포장도 뜯지 않은 운동화와 옷이 가득하죠. 반면 어린 시절부터의 절친이자 IT 회사의 공동운영자인 토니는 자기관리가 철저한 사람으로, 관심 있는 것은 자신감과 발모약이었습니다. 자신들의 회사를 미국 투자자에게 판 두 사람은 기쁨을 만끽하기 위해 직원들과 파티를 열죠. 그러다가 말다툼을 하게 되고, 자신이 지닌 물건 중 하루에 하나만 꺼내 쓰자는 내기를 합니다. 다음 날 그들의 물건은 거짓말처럼 사라졌고, 그들은 매일 하나의 물건만 쓰게 되죠. 그런데 문득 한 가지 사실을 깨닫습니다. 물건이 없어도 그다지 불편하지 않다는 거였어요.

공자가 위나라의 공자인 형荊을 칭찬했던 것은 그가 충분히 부유함을 누릴 수 있었음에도 형편에 따라 만족했기 때문이죠. 부와 상관없이 필요한 물건으로만 살아가는 그 태도를 칭찬하지요.

> 그는 집에 거처하기를 잘했다. 처음 갖추었을 때는 "그런대로 모여졌다."라고 했고, 다소 넉넉해지자 "그런대로 완비되었다."라고 했으며, 부유하게 되자 "그런대로 아름답다."라고 했다.*

* 『논어』「자로」

이것이 뭐가 어렵냐 하겠지만 넘치도록 누리는 것을 만족으로 아는 현대인들에게는 쉽지 않은 일입니다. TV를 켜거나 컴퓨터를 켤 때면 수많은 광고가 우리를 유혹합니다. 반드시 있어야 할 것처럼 권하는 그것에 눈을 주다 보면 어느 순간 클릭을 하고 있는 자신을 보게 되죠. 그런데 그렇게 구매해도 필요해서 산 것이 아니기 때문에 곧 잊힙니다. 저만 그럴까요?

꼭 필요할 것 같았는데 잊고 있는 것도 있으며, 언젠가 쓸 것 같아 가지고 있지만 결국 쓰지 않는 것도 있지요. 그러면서도 뭔가를 주문하고 있는 우리들. 영화를 보고 나오면서 마치 제 모습을 본 것 같아서 씁쓸히 웃었습니다.

7부

리더십

경영의 신이 되고 싶나요?

덕이 날로 새로워지면 만방이 그리워한다

德日新 萬邦惟懷 덕일신 만방유회

일본에는 3명의 경영의 신[神]이 있습니다. 그 3명은 마쓰시다 고노스케[松下幸之助](1894~1989), 혼다 소이치로[本田宗一郎](1906~1991), 이나모리 가즈오[稲盛和夫](1932~현재)입니다. 이들의 공통점은 기본과 올바름을 중시하고 진실하고 공익을 추구해 믿음직했다는 것이었습니다. 기본은 누구나 지켜야 하지만 소홀하기 쉬우며, 진실은 누구나 원하지만 이익 앞에서 허물어지기 쉬우며, 올바름은 마땅한 것이지만 욕심에 사로잡힐 때 행하기 어려우며, 사익이 주는 보상이 크면 공익은 무시하기 쉽습니다. 하지만 그들은 기본과 진실, 올바름과 공익, 신뢰를 함부로 여기지 않았고 조직구성원들을 덕[德]으로 품었죠. 그들이 조직을 넘어 국민의 마음까지 얻어 신뢰와 존경을 받은 이유입니다.

대부분의 사람은 덕이 있는 사람을 따릅니다. 덕이란 본래의 마음이자 넉넉함이며 모두를 나처럼 여기는 따뜻함이죠. 이 때문에 덕은 주변으로 쉽게 전달되어 모두를 훈훈하게 합니다. 이해와 공감을 바탕으로 열려 있기에 함께할 수 있죠. 따라서 리더가 덕을 가졌다면 조직 전체의 마음을 모아 하나 되게 할 수 있어, 덕의 영향이 미치는 범위는 어마어마하게 커지고 넓어집니다. 이로 인해 소외되거나 억울한 사람이 없습니다. 중훼[仲虺]가 탕임금에게 말한 것이 이것입니다.

> 덕이 날로 새로워지면 만방이 그리워하고, 뜻이 스스로 넘치면 구족이 떠나가니, 임금님께서는 큰 덕을 밝히는 데 힘쓰시어 백성들에게 중용의 정책을 세우도록 하십시오. 의로움으로 일을 절제하시며 예[禮]로써 마음을 절제하셔야 후손들에게 넉넉함을 드리울 것입니다.*

매 순간 자신을 새롭게 해 상대방의 마음까지 내 마음이 되게 할 때, 아니 내 마음과 상대방의 마음이 조화를 이룰 때 조직을

* 『서경』「상서」 '중훼지고'

완성할 수 있습니다. 중훼는 이를 위해 탕임금에게 늘 질문하라고 말합니다. 질문함으로써 상대방의 생각을 적극적으로 들을 수 있게 되죠. 혁명으로 나라를 세웠기에 백성들의 마음을 모으는 것이 급선무였지만, 탕임금은 먼저 스스로를 새롭게 함으로써 덕을 닦았습니다. 그것이 백성들로 하여금 자신을 따르게 하는 길이라고 생각했기 때문이죠.

자신의 생각을 강요하고 설득하는 것으로는 부족합니다. 귀를 열어 상대방의 마음을 들어야 하고, 자신을 상대방에게까지 확장해야 합니다. 이렇게 하나가 된 조직은 놀라운 능력을 발휘하죠. 경영의 신은 이렇게 존재하게 되었습니다.

세상을 바꾸는 기적

능히 빼어난 덕을 밝히다

克明俊德 극명준덕

훌륭한 사람을 보면 그 주변도 살펴보게 됩니다. 그러면 주변에 좋은 사람들이 많음을 볼 수 있는데요. 이처럼 사람은 비슷하거나 같은 부류의 사람들이 함께하면서 서로를 성장시키지요. 한데 한 사람으로 인해 조직 전체가 바뀌는 경우도 있습니다.

교세라 그룹 창업주인 이나모리 가즈오가 그렇습니다. 경영의 신이라는 별칭답게 그가 있는 곳은 변화를 일으키지요. 2010년 그는 34조 원의 빚으로 파산 직전인 JAL[Japan Airlines]을 구하기 위한 구원병이 되었습니다. 사람들은 아무리 그라고 해도 JAL을 살리는 건 불가능하다고 여겼죠. 방만한 경영의 결과로 위기에 빠진

JAL을 어떻게 바꿀 수 있냐는 것이었죠. 또 그의 경영방식이 시대와 맞지 않다고도 했죠. 하지만 2년 반 만에 JAL은 약 3조 원의 흑자로 돌아섰고, 이나모리가 함께한 1,155일은 JAL의 체질을 완전히 바꾸는 기회가 되었습니다. 그가 JAL 구성원에게 요청한 것은 기본을 지키는 것이었습니다. "거짓말하지 마라." "정직해라." "욕심을 버려라." "친절해라." "폐를 끼치지 마라." "아껴 써라." 등 그는 너무나 뻔하고 당연한, 모두가 아는 내용으로 기적을 일으켰죠. 그 중심에는 먼저 행하고 모범을 보여준 이나모리가 있었습니다. 그의 덕德은 모두를 변화시켰지요.

요임금 역시 인품과 행적으로 세상을 바꿉니다. 『서경』은 그의 덕이 세상에 어떤 영향을 미쳤는가를 세세히 기록하고 있지요.

> 빼어난 덕을 거뜬히 밝혀 구족九族과 한마음이 되시니 구족이 화목해졌고, 백성을 느긋하고 훤하게 하시니 백성이 밝아졌으며, 모든 나라를 어우러지게 하시니 모든 나라의 사람들이 아아! 착한 마음을 회복해 곧바로 온화해졌다.*

리더가 미치는 범위는 역량에 따라 다릅니다. 수신의 사람인 요임금은 집안뿐 아니라 세상 사람들이 본래의 마음으로 사는 세상

* 『서경』「우서」 '요전'

을 열었습니다. 그 중심에 빼어난 덕이 있었죠. 당시 일흔이 넘은 이나모리 가즈오 역시 수신의 사람이었기에 JAL의 변화가 가능했던 것입니다. 그가 위기의 JAL을 맡게 된 이유는 일본의 자존심을 지키고, 잃어버린 10년으로 좌절해 있는 일본인들에게 힘이 되기를 바라는 마음이었다고 합니다. 그 내면에 덕을 밝히는 빛이 있었고 자신을 닦는 수신이 있었습니다. 그것은 먼저 사람을 변화시키고, JAL을 변화시키고, 일본의 자존심을 살렸습니다. 한 사람이 이룬 놀라운 행보죠. 나부터 행할 것, 역사를 이룬 사람들이 보여주는 진정한 기적입니다.

일에는 들여야 할 시간과 노력이 있다

:

붙잡으려 하는 자는 잃게 된다

執者失之 집자실지

연예인 중에는 종종 뛰어난 미모로 한순간에 스타가 된 사람들이 있습니다. 갑자기 스타가 된 그들은 스포트라이트의 중심에 서서 광고와 드라마의 주인공이 되고, 명성과 부, 인기를 한꺼번에 얻죠. 그 때문에 호화로운 삶을 살게 되고 어느 순간 자신이 그만한 가치가 있다고 착각하게 됩니다.

한편 수십 년간 한길만 걸으며 자신의 길을 닦는 연예인도 있지요. 그들은 오랜 세월 숱한 고생을 하며 밑바닥부터 다양한 배역을 거쳐 연기력을 닦습니다. 이 때문에 어떤 배역을 맡든 그 사람인 것처럼 표현합니다. 출중한 외모로 하루아침에 스타가 된 연기

자들의 연기가 즉석밥과 같다면, 오랜 시간 내공을 쌓아온 배우들의 연기는 가마솥 밥처럼 깊이와 맛이 다릅니다.

세상은 공정하지 않아서 스타들은 연기력이 부족해도 주인공으로 캐스팅되고, 광고 등으로 엄청난 개런티를 받습니다. 다행히 자신에게 맞는 역할을 하게 되면 모자란 부분이 감춰지지만, 그렇지 않을 경우 오랜 연륜의 배우들이 스타의 부족한 연기력으로 생긴 구멍을 채우고 도와서 극을 완성하죠. 그렇게 연기력이 부족한 스타는 오랜 시간 발연기라는 오명을 꼬리표처럼 달게 됩니다. 엄청난 노력 없이는 지워지지 않는 낙인이 되기도 하죠.

일을 하다 보면 역량이 부족한데도 큰일을 맡는 사람들이 있습니다. 실력 없이 무턱대고 덤비면 주변 모두를 힘들게 하죠. 부족한 부분을 메워주고 성공시키고자 힘을 합해도 본인의 실력이 떨어지면 수습이 어렵습니다. 능력을 넘어선 욕심을 버리지 못하거나 착각에 빠져 과한 일을 하게 되면 결국 실패하게 됩니다. 노자는 그런 자들을 향해 말하죠.

> 인위로 행하는 자는 실패하게 되고, 불잡으려 하는 자는 잃게 된다.*

* 『노자』 29장

외부의 칭송은 빈말과 허상일 때가 많습니다. 실력이 부족한데도 주어지는 찬사와 칭송은 실패로 이끄는 안내자일 뿐이죠. 인위로 행한다는 것은 실력이 안 되는데 억지로 행하는 것입니다. 붙잡는다는 것은 자신의 것이 아닌데도 욕심을 부리는 것입니다. 그것은 실패와 잃음의 길로 인도하지요. 이를 방지하기 위해서는 시간이 걸리더라도 실력을 갈고닦아야 합니다. 밥을 짓는 데도 과정이 있고 시간을 들여야 하듯이, 어떤 일이든 들여야 할 시간을 들일 때 늦더라도 바르게 걷는 빠른 길이 될 수 있으며, 노력할 때 비로소 내 것이 됩니다.

23전 23승의 비밀

:

백성을 편안히 하는 도로써 부리면 수고롭더라도 원망하지 않는다

以佚道使民 雖勞不怨 이일도사민 수로불원

시대를 불문하고 우리나라 사람이 가장 존경하는 두 인물은 세종대왕과 이순신 장군일 것입니다. 세종대왕이 조선의 역사를 반석 위에 올려놓았다면, 이순신 장군은 위기의 조선을 구한 인물이죠. 이 두 분이 있었기에 조선의 역사는 500년을 갈 수 있었습니다. 특히 온 나라가 전쟁에 휩쓸렸던 임진왜란이라는 절체절명의 위기 속에서 나라를 구한 이순신 장군이 없었더라면, 조선의 역사는 그때 끝났을지도 모르죠.

23전 23승이라는 이순신 장군의 전력은 세계 어디서도 볼 수 없는 승리입니다. 절대적인 열세에서 어떻게 이런 승리의 역사를

쓸 수 있었을까요? 일단 장군은 문文과 무武를 아울렀기에 전략을 세우는 데 남달랐고 정보력도 뛰어났습니다. 그런데 전쟁은 그것만으로 승리할 수 없지요. 군대와 군사, 백성들의 절대적인 신뢰가 필요합니다. 물론 이순신 장군은 지식과 지혜뿐 아니라 소통과 공감능력, 올바름과 포용력, 원칙과 따뜻함까지 지녔고 구성원들을 존중했지요. 그리고 그것은 신뢰로 돌아와 모든 것이 부족한 상황에서 막강한 정보력과 사람을 얻는 힘이 되었습니다.

엄격할 때는 매우 엄격했지만, 항상 어머니 같은 마음으로 군사들을 보듬었습니다. 7년이나 지속되는 전쟁 속에서 이미 삶과 죽음은 한 끗 차이였죠. 그러나 찢어지고 피폐한 상황에서도 장군은 백성들의 먹을거리를 고민했습니다. 남아 있는 가족들을 위해 전쟁이 뜸할 때는 고향으로 돌아가 농사를 짓도록 했고, 군량미 역시 스스로 확보해 백성들을 착취하지 않았죠. 이렇게 전쟁뿐 아니라 백성들의 삶까지 헤아리며 책임졌기에 백성들은 아무리 힘들어도 힘들다 여기지 않았습니다. 맹자는 이렇게 말합니다.

> 백성을 편안하게 해주는 도道로써 백성을 부리면 비록 수고롭더라도 원망하지 않고, 백성을 살게 해주는 도로써 백성을 죽이면 비록 죽더라도 죽이는 자를 원망하지 않는다.*

* 『맹자』「진심 상」

도가 아닌 개인의 이익이나 윗사람의 명예와 영광을 위해 명령하고 지시한다면 쉬운 일이라도 하기 싫습니다. 맹자의 말처럼 비록 힘들고 고된 일이라도, 목숨이 위협받더라도 올바름으로 행하고 마음을 헤아려준다면 힘들게 여기지 않지요. 이순신 장군이 그랬습니다. 23전 23승은 바른 도와 신뢰로 사람들을 이끌었다는 증거입니다. 그 바탕에 상대방과 자신을 하나로 여기는 장군의 마음과 열린 귀, 뜨거운 가슴, 존중이 있었습니다. 그것이 죽음의 전쟁을 이긴 힘이고, 기적을 만든 비밀입니다.

마음을 여는 열쇠

사방의 문을 열어놓고 눈을 밝히며 귀를 통하게 하다

闢四門 明四目 達四聰 벽사문 명사목 달사총

가히 오늘날은 소통의 시대입니다. 수많은 사람이 소통의 중요성을 이야기하죠. 가정과 학교, 기업과 조직, 국가와 국가까지 소통을 강조하며 소통의 장소를 만들고, 사람들은 원활하게 소통하기 위한 특강에 열광합니다.

그런데 소통하자고 만난다고 해서 바로 소통이 될까요? 그렇지 않습니다. 무엇이 문제일까요? 소통하기 위해서는 무엇보다 먼저 마음의 문을 열어야 하지 않을까요? 마음이 닫혀 있다면 그 어떤 장치를 한다 해도 소용없지요. 눈에 보이는 담은 아무리 견고해 보여도 언젠가 무너뜨릴 수 있지만, 보이지 않는 마음은 그렇지 않습니다. 먼저 그 마음을 여는 것이 소통의 비결이죠. 그렇다면 어떻게 상대방의 마음을 열 수 있을까요? 어떨 때 내 마음에 친 철벽을 거두나요? 먼저 상대방을 존중해야 합니다. 존중은 신뢰를 낳고 신뢰는 상대방의 마음을 여는 열쇠가 되지요. 그럴 때 비로소 소통이 시작됩니다.

요임금에게서 천하를 선양받은 순임금은 사람들에게 큰 신뢰를 받는 사람이었습니다. 순임금은 미천한 신분에 부모의 사랑조차 받지 못했지만 백성은 그의 모든 것을 신뢰했습니다. 바로 그가 보여준 정직과 진실, 겸손하고 정성스런 마음과 행동 때문이지요. 이 때문에 백성들은 그를 따랐고 전적으로 신뢰했으며 섬겼습니다. 그에 대한 응답으로 순은 28년이라는 세월 동안 정치, 경제, 교육, 외교, 위기 관리 등에 어긋남이 없었고, 마침내 천자가 될 수 있었지요.

천자가 된 순임금은 사방의 문을 열어 사람들이 마음 놓고 소통하도록 했습니다. 또 사방의 눈을 밝혀 사람들이 안정되고 바른 삶을 살도록 했으며, 사방의 귀를 통하게 해 한쪽의 말만 듣지 않고, 사방의 말에 귀를 기울임으로써 행여나 있을 수 있는 치우침이 없도록 했습니다.* 이를 통해 사회는 건강해지고 사람들은 서로 신뢰해 진정한 소통이 이루어지게 되었죠.

* 『서경』「우서」 '순전'

소통을 위한 소통은 단순히 보여주기 위한 형식일 뿐 마음을 열지 못합니다. 마음을 여는 열쇠는 상대방을 존중해 신뢰를 형성할 때 가능하지요. 그렇기에 상대와의 관계에서 존중과 신뢰를 중심에 두어야 합니다. 그런다면 소통을 강조하지 않아도 서로 통하고 상대방의 소리에 귀를 기울이는 사회가 되어 산적해 있는 많은 문제를 쉽게 해결할 수 있습니다. 존중과 신뢰가 마음을 여는 열쇠이며 소통의 첫걸음입니다.

작은 거인, 호세 알투베

자신의 마음을 미루어 다른 사람의 처지를 헤아린다

推己及人 추기급인

현재 키 168cm, 몸무게 74kg. 프로야구 입단 테스트를 받으러 간 16세의 호세는 이보다 더 작고 왜소했습니다. "키가 작네," "너무 어린걸!" 하며 어디서도 테스트 기회조차 주지 않았죠. 그때 그의 가능성을 눈여겨봤던 곳이 바로 휴스턴 애스트로스Houston Astros 팀이었습니다. 베네수엘라 출신의 야구선수 호세 알투베Jose Altuve의 야구 인생은 이렇게 시작되었습니다.

사람들은 그를 '작은 거인'이라고 부르죠. 현재 메이저리그에서 가장 작은 그지만 지금까지 이룬 업적은 놀랍습니다. 2014년에는 안타 225개, 도루 56개라는 기록을 세우며 도루 1위에 올랐고,

올스타에도 6번이나 이름을 올렸습니다. 거기다가 포지션별로 공격력이 뛰어난 선수에게 주는 실버 슬러거상silver slugger award을 5번이나 받았습니다. 2017년에는 아메리칸리그 최우수선수MVP; Most Valuable Player로도 선정되었죠. 자신의 신체적 한계를 넘어 최고의 기량을 보여주는 호세, 사람들은 그를 아끼고 사랑할 수밖에 없습니다.

그런데 그가 사랑받는 이유는 그것 말고도 또 있습니다. 바로 뛰어난 공감능력과 배려 때문인데요. 그는 달콤하고 귀한 휴식기에도 누군가의 위로가 되었죠. 가스폭발 사고로 온몸에 화상을 입은 소년의 집을 방문해 위로하는가 하면, 어린이 돕기 모금행사에도 열심히 참여했으며, 경제적 위기를 겪고 있는 베네수엘라의 아이들을 위해 야구용품을 보내는 일에도 앞장섰습니다. 어린 시절 그도 선물받은 야구글러브 하나로 세상을 다 가진 듯한 경험을 했기에, 그 기억을 잊지 않고 그 역시 누군가에게 선물이 되고 있는 것이죠. 이러한 따뜻한 마음은 그에게 '작은 거인'이라는 멋진 별칭까지 안겨주었습니다.

뛰어난 능력만으로도 사람들의 관심과 부러움을 받을 수 있습니다. 하지만 그가 가진 넉넉한 마음과 배려, 공감능력은 더 큰 사람이라는 재산을 얻게 해주었습니다. 호세 알투베는 단신이라는 핸디캡과 환경을 이겨내고 뛰어난 선수들이 즐비한 메이저리그에 선수로서 우뚝 섰으며, 너른 마음과 행보는 그 어느 선수보다 돌보여 사람들의 마음까지 움직이고 어루만지는 진정한 거인이 되었습니다.

자신의 마음을 미루어 다른 사람의 처지를 헤아린다.*

호세를 보면서 '추기급인推己及人'이 생각났습니다. 이는 '역지사지易地思之'와 같은 말로, 제나라 명재상인 안자晏子가 며칠 동안 내린 눈에 취해 백성들을 아랑곳하지 않는 경공景公에게 한 간언입니다. 임금이라면 백성들의 처지를 헤아려 행동해야 한다는 것이죠. 거인이 된다는 것은 다름이 아닙니다. 자신이 어려웠던 때를 잊지 않고 어렵고 힘든 상황에 놓인 그들의 처지를 헤아려 행동하는 것입니다. 호세가 거인이 된 이유죠.

* 『안자춘추』「간」

영원한 젊은이, 마윈

공을 이루더라도 머물지 않는다

功成而不居 공성이불거

2019년 9월 10일, 55번째 생일을 맞이한 마윈은 지난 20년간 몸담았던 알리바바를 떠나 마윈 선생으로 돌아왔습니다. 1999년 자신의 아파트에서 시작한 알리바바는 전자상거래, 클라우드 컴퓨팅, 디지털 미디어, 인터넷 금융, 엔터테인먼트, 메시지 서비스 등 다양한 분야에서 성공을 거두며 기업 제국이 되었죠. 마윈의 성공은 많은 이들의 귀감이 되었고 꿈이 되었습니다.

그의 성공은 신화의 형태를 지니고 있는데요. 가난한 집안, 잘나지 못한 외모, 작은 키, 3번이나 실패한 대학입시, 직장 30군데에서의 퇴짜 등 그가 겪은 고난은 영웅신화에 등장하는 고난과 비슷합니다. 그런 그가 60세도 되지 않아 은퇴한다고 하자, "설마?" "에이, 그럴 리가?"라며 의심의 눈으로 주시하던 사람들도 있었지요. 그리고 약속을 지키자 세계는 놀랐습니다. 영어 교사로 사회생활을 시작했던 그는 다시 교사로 돌아갈 것이라고 합니다. 노자는 이렇게 말하죠.

공을 이루더라도 머물지 마라.*

대부분의 사람들이 작은 성공을 평생 우려먹기도 합니다. 시간이 지나도 그때에 머물러 있는 사람들을 보는 것은 어렵지 않습니다. 옛날의 직책을 퇴사 후에도 달고 다니는가 하면, 말끝마다 "왕년에 나는"을 되뇌죠. 이처럼 한때의 성공과 영광은 사람을 그 자리에 묶어둡니다. 특히 큰 성공을 거두면 나 아니면 안 된다는 아집에 빠져 떠나지 못하죠. 그런데 아직 젊은 데다 세계적인 성공을 거두었는데 은퇴라니, 과연 쉬운 일일까요?

마윈은 생일날 자신의 약속을 지킵니다. 미련 없이 알리바바를 떠났고, 인공지능 시대가 요구하는 혁신적이고 창의적인 인재를 위해 자신의 미래를 바칠 것을 약속했습니다. "지금의 교육으로는 아이들이 20~30년 뒤까지 살아남을 수 없을 것"이라는 생각이

* 『노자』 2장

그로 하여금 또 다른 꿈을 꾸게 한 것이죠.

꿈이 있고 실천할 수 있는 힘이 있는 사람들은 과거에 얽매이지도 자신의 성공에 붙들리지도 않습니다. 지나간 성공은 이미 이룬 것이기에 집착하지 않죠. 오직 꿈을 향해 나아갈 뿐입니다. 마윈이 영원한 청년인 이유죠. 성공에 얽매면 그것으로 끝나지만, 계속 꿈을 꾸고 꿈을 향하면 '영원한 현재'를 살게 됩니다. 노자가 공을 이루되 머물지 말라는 것은 계속 꿈을 향해 나가고 실천으로 옮기는 청년으로 살라는 당부죠. 나이가 들어도 청년의 길을 걷는 마윈, 참으로 멋진 사람입니다.

진정한 갑이 되고 싶다면

신하가 임금을 자신의 배나 심장처럼 여긴다

臣視君 如腹心 신시군 여복심

한때 우리 사회는 갑질에 대한 폭로로 들썩이던 때가 있었습니다. 갑질이란 우위의 힘을 지닌 갑이 자신보다 지위가 낮거나 약하다고 생각하는 을에게 부당하게 가하는 물리적·언어적 폭력을 말합니다. 당시 기득권이나 권력자의 갑질뿐 아니라 약자의 약자에 대한 갑질 등 다양한 종류의 갑질이 사회 곳곳에서 폭로되어 충격을 주었지요.

하지만 우리를 가장 분노하게 만든 것은 제어할 수 없는 거대한 힘과 권력으로 무장한 사람들이 구성원들에게 행한 무시와 갑질이었죠. 대기업뿐 아니라 중견기업과 중소기업의 오너까지 그 층이 다양했는데요. 그들의 갑질은 상상을 초월했습니다. 나이 든 임직원의 머리 색깔까지 지시하는가 하면, 동물을 잔학하게 죽이며 즐기는 모습까지 드러나 사람들을 경악하게 했지요. 이렇게 그들의 비행이 드러나게 된 것은 견디다 못한 내부고발자들의 폭로 때문이었습니다. 그들 중에는 자서전에서 자신이 얼마나 직원들을 아끼고 사랑하는지를 쓴 사람도 있었지요. 정말 글처럼 구성원들을 아끼고 사랑했다면 이런 폭로가 나올 수 있었을까요? 맹자는 제나라 선왕에게 다음과 같이 말합니다.

> 임금이 신하를 자신의 손이나 발처럼 아낀다면 신하도 임금을 자신의 배나 심장처럼 아낄 것이고, 임금이 신하를 개나 말처럼 여기면 신하도 임금을 일반인처럼 여기며, 임금이 신하를 흙이나 먼지처럼 여기면 신하가 임금을 원수처럼 여깁니다.*

윗사람이 자신과 함께하는 사람을 어떻게 여기고 대우하느냐에 따라 윗사람의 자리가 보존될 뿐 아니라 구성원에게 인격적인 대우를 받을 수 있다는 것이죠. 윗사람의 사랑과 관심은 구성원들의 전폭적인 지지를 끌어냅니다. 하지만 필요할 때는 세상을 다

* 『맹자』「이루 하」

줄 듯이 대하고, 늙고 병들거나 쓸모없다고 해서 관심을 거둔다면 구성원 역시 윗사람을 일반인과 같이 대하겠죠. 거기에 더해 구성원을 인격체가 아니라 닳으면 갈아끼우는 부속처럼 대하거나 마음을 상하게 한다면 구성원들은 그를 윗사람이 아닌 원수로 여길 것입니다. 그리고 구성원들이 마침내 참을 수 없게 되면 갑질은 폭탄이 되어 되돌아올 것입니다.

결국 상대방에 대한 무시와 비하는 스스로 몸집을 키워서 자신에게 돌아오는 부메랑이 되지요. 자신의 위치만큼 상대방을 존중하는 것, 그것이 진정한 갑으로 나아가는 길입니다.

빌 게이츠가 사는 법

인자는 재물로써 자신을 일으킨다

仁者 以財發身 인자 이재발신

빌 게이츠Bill Gates는 마이크로소프트Microsoft의 설립자로 소프트웨어라는 첨단산업을 통해 단시간에 부를 쌓은 세계 최고의 부자입니다. 하지만 그 과정에서 경쟁사인 넷스케이프Netscape와 리얼네트웍스RealNetworks 등 수많은 기업을 무너뜨렸기에 '악의 제국'이라는 비난과 원망까지 들어야 했지요. 그러던 그가 2000년에 경영일선에서 물러난 뒤 '빌&멜린다 게이츠 재단Bill&Melinda Gates Foundation'을 세워 자선사업을 한다고 하자, 사람들은 비웃었습니다. 그는 2008년 『월스트리트저널Wall Street Journal』과의 인터뷰에서 자선에 대한 자신의 생각을 밝혔는데요. 그는 남아프리카공화국의 슬럼가

인 소웨토Soweto 지역에서, 기술 발전이 부유한 이들에게는 혜택을 주지만 가난한 사람들은 외면하는 것을 보고 매우 괴로웠다고 합니다. 그것이 그가 자선단체를 세우고 아프리카 어린이들에게 교육의 기회와 의료 혜택을 베풀게 된 동기가 되었던 것입니다.

뛰어난 인재인 그는 시대의 변화와 흐름을 누구보다 먼저 알았고 바로 행동으로 옮겼습니다. 그것을 통해 엄청난 부를 얻었고 누렸지요. 만일 그렇게 끝냈다면 빌 게이츠라는 이름은 '악의 제국의 지배자'라는 비난을 면치 못했겠지요. 하지만 그는 부가 주는 매력을 다른 방향으로 돌렸습니다. 그는 재물을 어떻게 써야 하는지 명확하게 인식한 후, 수많은 사람을 구제하는 일에 자신의 부를 내놨지요. 그것은 악의 제국의 건설자에서 자선사업가로, 자본주의 최대의 혜택자에서 부를 제대로 쓰는 사람으로, 자기밖에 모르는 천재에서 세상에 기여하는 인자仁者로 세간의 시선까지 바꾸었습니다.

> 인자는 재물로써 자신을 일으키고, 불인자不仁者는 몸으로써 재물을 일으킨다.*

공자는 말합니다. 남을 나처럼 여기는 인자에게 재물은 도구이

* 『대학』 전10장

며 수단이죠. 이 때문에 인자는 재물을 통해 자신뿐 아니라 이웃까지 살리는 일을 합니다. 즉 재물을 자신의 소유로 여기지 않고 남과 공유함으로써 재물을 재물답게 쓰는 것이죠. 하지만 자기중심적인 불인자는 재물을 얻기 위해 무슨 짓이든 하고 욕을 먹는 것도 신경쓰지 않습니다. 그렇게 악착같이 번 것이기에 오로지 자신만을 위해 쓰고, 더 불리기 위해 수단과 방법을 가리지 않습니다. 빌 게이츠도 처음엔 그랬습니다. 하지만 그는 세계적인 부자가 된 후 과감히 자신을 바꾸었습니다. 가난 속에서 삶마저 놓아야 하는 사람들을 구제하는 일에 뛰어들었죠. 불인자에서 인자로 자신을 변화시킨 빌 게이츠, 많은 사람들에게 희망을 주는 그의 삶이 참으로 멋집니다.

사다리 놓기

내가 서고자 하면 남도 세워줘라

己欲立而立人 기욕입이입인

2004년에 장하준 교수가 쓴 『사다리 걷어차기Kicking away the Ladder』에서는 사다리로 쉽게 정상에 오른 사람들이 그 사다리를 걷어찬다고 이야기합니다. 뒤따르는 사람이 따라 오를 수 없도록 그들의 기회와 수단을 빼앗는다는 내용이죠. 정상에 오른 선진국이 후진국의 진입장벽을 없애는 현실을 폭로한 것입니다.

흔히 천년 제국하면 로마를 떠올립니다. 기원전 510년에 도시국가로 시작한 로마는 오랜 시간 찬란한 문화를 빛내며 "모든 길은 로마로 통한다." "로마는 하루아침에 이루어지지 않는다." "로마에 가면 로마법을 따라라." 등의 격언을 낳았습니다.

로마가 오랜 역사를 이어올 수 있었던 것은 침략으로 영토를 넓히더라도 다른 나라의 문화를 받아들여 껴안은 데 있지요. 또 각 나라의 나뉘고 막힌 문화를 이어줌으로써 여러 문화가 소통되고 교류되도록 해 새로운 문화를 창출하게 도왔습니다. 로마를 중심으로 길을 냄으로써 로마의 문화는 다양하고 풍요로워졌고 로마는 더욱 확장되었습니다. 결국 로마는 문명의 중심이 되었고, 모든 길은 로마로 통했지요. 인종과 언어, 풍습과 관습은 달랐지만 모두가 하나의 로마였던 것이죠. 이러한 관용은 로마를 천년 이상 지속시켰던 힘입니다. 만약 로마가 침략한 나라를 끌어안지 않았다면 우리가 아는 위대한 로마가 존재했을까요?

"널리 베풀어 많은 사람을 구제한다."라는 뜻의 '박시제중博施濟衆'이 인仁인지 묻는 자공子貢에게 공자는 인이란 함께하고 함께 성장하는 것이라고 말합니다.

> 내가 서고자 하면 남도 세워주고, 내가 도달하고자 한다면 남도 도달하게 하라.*

흔히 역사를 거울이라고 합니다. 과거를 통해 오늘을 볼 수 있기 때문이죠. 한데 이 시대의 리더들은 역사를 거울로 삼지 않고

* 『논어』「옹야」

눈앞의 이익에만 골몰하는 것 같아 안타까울 때가 많습니다. 사다리를 걷어차 뒤따르는 사람이 오르지 못하도록 하면 당장은 엄청난 이익을 챙길 수 있습니다. 하지만 후에 그보다 많은 것을 잃지 않을까요? 상생의 사다리가 사라진 오늘날, 위기에 빠진 사람을 돕고 생색내는 것만으로는 우리 사회가 마주한 위기를 극복하기 어렵습니다. 그들이 오를 수 있도록 끊어진 사다리를 다시 세우고 시스템과 구조를 바꿔 스스로 오르고 성장하도록 해야 하죠. 이것이 관용과 인, 경쟁력이며 함께 성장하는 힘이며 기회입니다. 모두가 사는 길은 이렇게 이루어집니다.

갈등을 창조로 바꾸는 비밀

말은 진실하고 미더우며, 행동은 독실하고 공경스러워야 한다

言忠信 行篤敬 언충신 행독경

두 사람 이상 모인 곳에는 의견 차이와 갈등이 생기기 마련입니다. 개인도 그런데 국가는 어떨까요? '갈등葛藤'은 칡과 등나무를 가리키는데, 칡은 오른쪽으로 등나무는 왼쪽으로 감으며 자란다고 하네요. 두 나무가 계속 반대 방향으로 감아 오르며 자라기에 도저히 풀 수 없어 종국에는 끊을 수밖에 없다고 합니다. 그래서 서로의 생각이나 정서가 충돌하는 것을 갈등이라고 하죠. 사전에서는 갈등을 "개인의 정서나 동기가 다른 정서나 동기와 모순되어 그 표현이 저지되는 현상" 또는 "두 개 이상의 상반되는 경향이 거의 동시에 존재해 어떤 행동을 할지 결정을 못 하는 것"*이라고

정의 내립니다. 이 때문에 갈등은 불안과 불신을 낳고 미움과 적대감을 강화해, 결국 집단이 와해되는 이유가 되기도 하지요. 또 헛된 정보로 소통을 방해할 뿐 아니라 불신을 부추겨 사회를 마비시키기도 합니다.

그렇다면 갈등은 부정적이기만 할까요? 적당한 갈등은 조직의 침체와 보수화를 막고 문제해결능력을 향상시키기도 하죠. 하지만 현실에서 만나는 갈등의 현장은 머리가 아픕니다. 대부분의 갈등은 상처를 남기고, 귀를 막고 자기주장만 되풀이해 상대방을 향해 목소리만 높이니 서로 감정의 골만 깊어집니다. 과연 묘책은 없을까요? 갈등을 해결하기 위해서는 무엇보다 진정성이 있어야 합니다. 그럴 때 상대가 마음을 열지요. 또한 상대의 소리에 먼저 귀를 기울여야 하고 공경과 성실로 대해야 합니다. 공자는 행함을 묻는 자장에게 이렇게 말합니다.

> 말은 진실하고 미더우며, 행실은 독실하고 공경스럽다면,
> 비록 오랑캐 나라라 할지라도 행해질 수 있다.**

진실과 신뢰, 독실과 공경은 야만의 나라에서도 통하는 놀라

* 두산백과 두피디아(www.doopedia.co.kr)

** 『논어』「위령공」

운 무기입니다. 이것은 서로를 가로막는 불신을 해소하지요. 갈등의 원인은 거짓과 불신, 인기 영합과 눈가림, 오만과 불공정에서 비롯된 것이니만큼 그 해결 역시 리더의 말과 행동에 달려 있습니다. 말은 진실해 신뢰할 수 있으며 행동은 정성스럽고 참되며 공경으로 행한다면, 비록 정서와 문화가 다르더라도 통할 수 있습니다. 그렇게 한다면 설령 뜻과 생각이 다르더라도 받아들여 조화를 이룹니다. 이것이 나라를 침체로 몰고 가는 혼란과 갈등을 해결해주는 묘약입니다.

서로 다른 다양한 의견이 거리낌 없이 오갈 때 창의력은 배가되고 상상력은 풍부해지며, 서로를 성장시키며 건강한 사회로 나아갈 수 있습니다. 그렇게 된다면 우리 사회에서 갈등이 설 자리가 있을까요?

시간과 진정성을 담은 음식

나아감이 빠른 자는 물러남도 빠르다

其進銳者 其退速 기진예자 기퇴속

죽어가는 골목 상권을 살리기 위한 프로젝트 프로그램 〈골목식당〉은 요리연구자이자 사업가인 백종원 씨가 이끌고 있습니다. 출연진은 장사가 안되어 문을 닫기 직전인 외진 골목의 영세한 식당들이죠. 〈골목식당〉은 그들의 문제점을 파악한 후 장사에 대한 노하우 교육과 조리법 개발로 문제를 해결함으로써 상권이 일어나도록 돕고 있습니다.

프로그램을 보면 장사가 안되는 식당은 크게 두 종류로 나눌 수 있습니다. 상권이 죽었기에 사람의 발길이 끊어져 실력이 있는데도 영업이 안되는 곳과 맛도 없는 데다 게으르기까지 한 곳이죠. 실력이 있는데 상권이 죽은 골목에 있어 손님이 없는 식당은 안쓰럽고 안타까웠으며 잘되기를 응원하지만, 후자를 보고 있자면 화가 나기도 했습니다. 일단 위생이 엉망이었습니다. 음식점은 무엇보다 위생이 중요한데, 오랫동안 청소하지 않아 식당은 더럽고, 주인은 의욕이 없으며, 재료는 오래되었으니 손님이 온다 할지라도 좋은 음식을 제공할 수 있을까요?

또 수없이 이사하면서 계속 업종을 바꾼 집도 있었습니다. 장사가 안되니 이사를 가야 했고, 그래도 장사가 안되니 업종을 바꾸는 것이지요. 그런데 음식이란 하루아침에 입맛에 맞게 만들어지는 것이 아닙니다. 흔히 음식은 손맛이라고 하지만, 손님들이 원하는 음식 하나를 만들기 위해서는 수많은 실패와 시행착오, 연구를 거쳐야 남과 다른 특별한 맛을 낼 수 있습니다. 장사가 안된다고 계속 메뉴와 업종을 바꾸면 제대로 된 음식을 만들 수 있을까요? 외진 골목까지 손님이 찾도록 하려면 그들을 이끌 특별한 맛이 있어야 하는데 가능할까요?

> 그만둘 수 없는데도 그만두는 자는 그만두지 않음이 없고, 후하게 할 것에 박하게 하는 자는 박하지 않음이 없다. 그 나아감이 빠른 자는 물러남도 빠르다.*

* 『맹자』「진심 상」

맹자의 말이 떠올랐습니다. 한번 해보고 안 된다고 포기하거나 손에 익기도 전에 메뉴를 바꾼다면 오랜 시간이 지나도 제대로 된 음식을 낼 수 없을 겁니다. 당연히 장사는 안되겠죠. 금방 포기하고 바꾸기보다 더욱 연구하고 연구해서 남들이 흉내 낼 수 없는 맛을 개발한다면 손님은 저절로 찾아오지 않을까요? 수많은 맛집이 찾기 편하고 좋은 장소에만 있지 않지요. 외지더라도 주인의 정성과 맛, 특별함이 있다면 사람들은 그 가치를 알아보고 거리와 상관없이 찾아옵니다. 그를 위해서는 시간과 정성을 들여야 하고, 음식에 심은 진정성이 있어야 하죠. 혼을 담은 음식을 외면할 자는 없습니다.

人生
文章

8부

다스림

상이 주는 기쁨

백성들이 그 혜택을 이롭게 여긴다

百姓利其澤 백성리기택

얼마 전 어느 중학교에서 학생들에게 준 상이 화제가 되었습니다. 상 이름을 들으며 이 상을 받는 학생들이 얼마나 행복했을지 상상이 되었지요. 그 이름은 '웃는 얼굴 상' '고운 말 상' '친구를 돕는 상' 등이었는데, 기발하다는 생각을 했습니다. 학생 하나하나를 떠올리며 상에 제목을 붙였을 선생님, 그들의 장점을 찾았을 선생님의 모습이 그려졌지요. 특별한 상을 받은 학생들은 자신을 눈여겨봐주신 선생님의 마음을 알기에 더 고마웠을 겁니다.

『칭찬은 고래도 춤추게 한다』라는 책이 출간된 이후 칭찬은 크게 장려되고 있습니다. 칭찬은 아이들을 격려하고 자부심을 갖게 하며 자존감을 높이는 등 아이가 성장하는 데 고무적인 역할을 합니다. 한데 칭찬만으로 올바르게 자랄 수 있을까요? 무조건 칭찬만 받고 자란 아이들은 자신 있는 일에는 적극적인데, 자신 없는 일에는 선뜻 나서지 않고 움츠리는 경우가 많다고 합니다. 또 칭찬만 받게 되면 그것을 당연한 것으로 여겨 결국 칭찬의 효과가 그리 크지 않다고 하죠. 따라서 잘못했을 때 따끔하게 혼내고 무엇을 잘못했는지 알려주는 것도 필요합니다.

벼가 자랄 때도 추위와 온기가 번갈아 드나드는 변덕스러운 봄, 살이 탈 듯 자비 없는 뜨거운 햇살과 태풍이 몰아치는 여름, 따가운 햇살이 내리쬐는 가을을 거쳐야 쌀이 제대로 여뭅니다. 만일 뜨거운 햇살만 있게 되면 가을에 쭉정이만 거두게 되듯이, 잘할 때는 칭찬을 하고 잘못했을 때는 일깨워주어야 단단하고 바른 사람으로 성장할 수 있습니다.

> 현명한 군주가 행하는 상은 마치 때에 맞게 내리는 단비처럼 정성스럽고 따뜻해 백성들이 그 혜택을 이롭게 여긴다.*

법가 사상가인 한비자는 임금이 자주 상을 주거나 이유 없이 주면 신하와 백성들이 별로 고마워하지 않는다고 말합니다. 간절

* 『한비자』「주도」

히 바라던 비도 때에 맞지 않게 내리거나 한꺼번에 많이 내리면 되레 원망과 원성을 사게 되지요. 알맞게, 필요할 때, 적당히 내려야 고맙고 곡식의 성장에 도움이 됩니다.

상 역시 그렇습니다. 필요할 때 주는 상은 학생들을 격려하고 자존감을 높여 더욱 노력하게 하죠. 학생들의 장점에 근거한 기발한 명칭으로 학생과 학부모에게 기쁨을 준 선생님의 지혜와 사랑은, 학생들을 몸과 마음이 건강한 어른으로 성장시키는 묘약이 될 것입니다.

미래와 아이들을 위한다면

큰 나라를 다스릴 때는 작은 생선을 굽듯이 한다

治大國 若烹小鮮 치대국 약팽소선

뼈가 많아 손이 많이 가는 전어는 집 나간 며느리도 불러들인다고 합니다. 시집살이를 견딜 수 없어 집을 나갔다가도 전어 굽는 냄새를 못 이겨 집으로 돌아온다고 하는데, 그만큼 가을 전어는 맛있다고 합니다. 그런데 전어는 살이 약해 구울 때 자주 뒤집으면 다 부서집니다. 한 면이 익을 때까지 기다렸다가 뒤집어야 보기도 좋고 맛도 좋은 전어를 먹을 수 있지요.

교육도 그렇습니다. 교육을 '백년지대계百年之大計'라고 하는 것도 아이들을 교육할 때 성장에 맞춰 기다려주고 때에 맞게 지도하고, 미래까지 계획을 세워 준비해야 함을 말하지요. 아이들의 성장이 다 다른데 같은 방식을 적용해 줄을 세우거나, 남과 비교하면서 다그치는 등의 방식은 아이들의 꿈뿐 아니라 바르게 성장하는 데 도움되지 않습니다. 너무 자주 바뀌는 교육제도 역시 마찬가지입니다. 그럼에도 우리의 교육제도는 교육부장관과 대통령이 바뀔 때마다 춤춘다는 자조적인 목소리와 함께, 언제 어떻게 바뀔지 몰라 엉거주춤 기다린다는 말도 있지요. 과연 우리의 교육은 그 중심에 무엇을 두었나요? 미래와 아이들이 있나요?

제4차 산업혁명 시대인 오늘날 변화는 걷잡을 수 없이 빠른 속도로 진행되고 있습니다. 지금까지 경험하지 못했던 미래를 살아야 하는 아이들에게 시대를 이끌 교육을 해야 한다는 점에서 두렵기도 합니다. 하지만 교육의 본질과 기본인 인간다움은 시대가 변해도 잃어서는 안 되는 가치이죠. 따라서 지나친 경쟁은 지양하고 모두가 어떤 분야든 자신을 뛰어넘는 최고가 되도록 해야 합니다. 지금까지 우리의 교육은 경쟁을 중심으로 치열하게 노력하게 함으로써 가치를 높였지만, 대신 그 대가로 개성을 잃게 하고 포기하게 하기도 했습니다.

세계가 인정하는 유대인 교육은 모두가 1등이 되게 하는 교육이라고 말합니다. 스스로 생각하도록 하고, 질문하고 대답을 찾아가는 과정 속에서 성장하도록 하죠. 아이들의 자발적인 참여는 긍정적인 효과를 낳아 자신만의 해답을 찾고 변화에 유연하게 적응하도록 합니다. 이는 아이들의 성장을 기다려줄 때 가능하지요.

큰 나라를 다스릴 때는 작은 생선을 굽듯이 한다.*

노자의 말처럼 신중해야 합니다. 교육은 큰 나라를 다스리는 것보다 더 중요합니다. 어떤 사람이 되느냐는 곧 어떤 세상을 만드느냐를 말해주죠. 결국 우리의 교육이 미래를 만든다는 점에서, 미래의 아이들을 위해 우리가 할 일은 그들의 미래를 함께 꿈꾸는 것입니다. 기다려줄 것, 자주 뒤집지 말 것. 우리가 해야 할 일입니다.

* 『노자』 60장

같이 배운다 해도

마음을 다하고 뜻을 다한다

專心致志 전심치지

드라마 〈SKY 캐슬〉은 방영 당시 많은 화제가 되었습니다. 이 드라마는 상류층의 부모들이 자녀들을 명문대에 보내기 위해 온갖 술수를 쓰는 모습을 보여주었는데요. 현실에서도 드라마처럼 학생들을 코디해 명문대에 입학시키는지 여부가 화제가 되기도 했죠. 드라마처럼은 아니지만, 코디는 실제 존재한다고 합니다. 또 강남에는 1타라 불리는 스타 강사들이 있죠. 그들은 학생들의 마음을 사로잡을 만큼 강의도 잘하고 외모도 뛰어나며 설득력이 있어 학생과 학부모 모두의 마음을 잡을 만큼 인기가 높습니다. 그런데 그들에게 강의를 듣는 모든 학생들이 원하는 학교에 들어

갈 수 있을까요? 목표하는 대학에 가는 학생도 있지만 그보다 더 많은 학생들이 실패할 것입니다. 그렇다면 처음부터 실력 차이가 많아서일까요?

코디든 1타 강사든 테스트를 통해 들을 귀를 가진, 어느 정도 실력이 검증되고 성실한 학생들을 선발합니다. 수업을 듣고 싶어 하는 학생들이 많이 몰릴수록 강사의 권한은 높아져 학생 선발에 신경을 쓰죠. 능력을 갖춘 학생들을 선발해야 대입 합격률이 높아져 자신들의 명성을 유지할 수 있기 때문에 학생 선발 과정 또한 대학 입시만큼 치열합니다. 그렇게 선발되었다면 모두 출발선에서의 실력은 비슷할 텐데 결과에서 차이가 나는 것은 무엇 때문일까요? 맹자는 배움과 관련해 다음의 비유를 듭니다.

바둑의 신이라 불리는 혁추奕秋에게 어느 날 두 사람이 찾아와서 바둑을 배웁니다. 한 사람은 마음을 다해 혁추의 말을 듣고 바둑을 두었지만, 한 사람은 혁추의 말을 듣긴 듣지만 머리로는 날아가는 기러기와 백조를 맞추고 있었죠. 과연 두 사람의 실력이 같을까요? 혁추의 가르침을 집중해 들은 사람과 딴생각을 한 사람은 분명 다를 것입니다.

마음을 다하고 뜻을 다한다.*

* 『맹자』「고자 상」

이는 맹자가 제선왕을 두고 한 말입니다. 아무리 열심히 가르친다 한들 배우는 사람이 딴생각에 빠져 있거나 마음이 없으면 억지로 새겨 넣을 수 없죠. 최고의 합격률을 자랑하는 1타 강사라 할지라도 수업시간에 딴생각에 빠져 있는 학생까지 끌어올릴 수는 없을 것입니다. 정신을 집중하고 자신이 해야 할 일에 몰두하는 것이 실력의 차이가 됩니다. 처음 출발선이 같다고 마지막 결승선까지 같지 않지요. 마음을 오롯이 하고 뜻을 다하는 '전심치지專心致志'가 중요한 이유입니다.

다중지능이 뭔가요?

자기가 하고 싶지 않은 것을 남에게 하지 마라

己所不欲 勿施於人 기소불욕 물시어인

시대에 따라 사람들이 선호하는 지능이 있습니다. 제가 어렸을 때는 지능지수IQ; Intelligence Quotient가 높은 아이가 부러움의 대상이었습니다. 지능지수에 따라 자랑스럽기도 부끄럽기도 했으며, 어깨에 힘을 주고 다니기도 했지요. 지능지수가 높을수록 공부를 잘할 확률이 높기 때문입니다. 하지만 요즘은 지능지수만 따지지 않습니다. 감수성이나 공감능력, 역경극복능력을 중시하지요.

하버드대학교의 발달심리학자 하워드 가드너Howard Gardner 교수는 다중지능MI; Multiple Intelligence을 강조합니다. 그는 성적만으로 지능이 평가되는 것을 지양하죠. 지능을 더 세분해 언어지능, 논리수학지능, 공간지능, 대인관계지능, 자기성찰지능, 자연친화지능, 음악지능 등으로 나누어 분별력을 갖춰야 한다고 말합니다. 단순 지능지수만으로 사람의 다양한 면을 특정할 수 없다는 것이죠. 그리고 특히 21세기에 필요한 능력으로 공감능력, 창의력, 독창성을 꼽았는데요. 이로 인해 자녀를 둔 부모님들이 분주해졌습니다. 자녀를 다중지능을 갖춘 아이로 키우기 위해서는 부모와의 교감능력을 비롯해 다양한 영역을 고루 갖춰야 하기 때문에, 부모의 도움과 지원 없이는 아이 홀로 다중지능을 발달시키기 힘들다고 여긴 것이죠. 덕분에 아이들은 더 많은 것을 해야 하고, 더 많은 경험을 하게 되었습니다.

그런데 사실 가드너 교수가 가장 중요한 것으로 여긴 것은 자기성찰지능입니다. 자기성찰지능은 자신을 객관적으로 보는 능력으로, 자기 안에 스스로를 돌아볼 수 있는 눈을 두는 것이죠. 이는 밖에서 배운다고 가능하지 않다고 합니다.

누구나 남을 객관적으로 보는 것은 쉽지만 자기 자신을 파악하기는 어렵습니다. 그런데 자신을 객관적으로 보지 못하고 성찰하지 못하면 내면과의 간격이 커져서 주변을 힘들게 하지요. 또한 자신을 제대로 알지 못하기 때문에 주변 사람에게 신뢰받기도 어렵습니다. 자신을 성찰할 수 있어야 공감도 할 수 있어, 자신을 제대로 성찰할 수 있는 사람은 대인관계가 원만해지고 음악적 능력뿐 아니라 언어와 논리수학, 공간파악 등의 능력이 세밀하게 되며 자연과도 친밀감을 느낄 수 있죠. 즉 자기성찰은 모든 지능의 뿌리인 것이지요. 공자는 이를 인仁이라고 합니다.

자기가 하고 싶지 않은 것을 남에게 하지 마라.*

자신이 무엇을 하고 싶은지, 하기 싫은지 아는 것은 성찰을 통해서 가능합니다. 이것이 본마음인지 욕심인지도 성찰을 할 때 알 수 있지요. 이를 통해 남도 그렇다는 것을 알게 되지요. 이처럼 성찰을 할 때 공감을 비롯한 다양한 능력을 키울 수 있습니다. 이것이 하워드가 말하는 다중지능을 기르는 첫걸음 아닐까요? 진정한 다중능력을 기를 때 시대에 따라 선호하는 것이 아닌 자신과 이웃, 세계를 살리는 인재가 될 것입니다.

* 『논어』「위령공」

스스로 하는 공부의 힘

:

스스로 알려고 끙끙거리지 않으면 열어주지 않는다

不憤不啓 불분불계

세계에서 가장 교육열이 높은 나라답게 한국은 대학입시를 위한 수능을 치르는 날이면 온 나라가 비상에 걸립니다. 시험을 치는 수험생을 위해 출근 시간을 늦추는 기업도 있지요. 또 집안에 수험생이 없더라도 입시제도의 변화에 온 국민이 촉각을 세웁니다. 입시와 관련된 비리나 부정이 밝혀지면 그 관련자들을 향한 비난과 모욕은 감내하기 어려울 정도죠. 이렇듯 입시가 중요한 것은 학교와 학벌이 미래를 보장한다는 믿음 때문입니다. 그래서 아이들에게 공부를 강요하게 되고 아이들은 강박적으로 공부를 해야 합니다. 하지만 본인이 원하지 않는데 강요에 의해 공부할 경우

수동적으로 따르거나 포기하는 경우가 생기게 됩니다. 아무리 부모가 꽃길을 만들어주고 싶어도 스스로 하지 않으니 실력은 늘지 않고, 자신이 만들고자 하는 길이 아니니 귀한 줄도 모르고 흥미도 없지요. 스스로 결심하고 행할 때 비로소 생각도 하고 질문도 하며 배운 지식을 자기 것으로 만들 수 있게 됩니다.

공자가 "배우고 때에 맞춰 익히니 즐겁지 아니한가?"* 라고 일갈하면서 공부를 성인이 되는 길로 여긴 것은 스스로 피나는 노력으로 공부의 경지를 맛보았기 때문이지요. 이 때문에 그는 자식에게도 제자에게도 의문을 가지고 질문하며 생각하고 스스로 헤쳐나가 터득하길 바랐습니다. 자신이 직접 하지 않는다면 별 의미가 없다고 생각했기 때문이죠. 그러면 스승의 역할은 무엇일까요? 공부하다 막혔을 때 그것을 열어주는 것입니다. 공자의 말을 들어볼까요?

> 모르는 것을 알려고 끙끙거리면서 해결하려는 의지가 없으면 열어주지 않으며, 자신이 알게 된 것을 바르게 표현하려고 애태우지 않으면 말해주지 않으며, 한 부분을 알려주었는데 나머지 세 부분을 헤아려서 반증하지 못하면 다시 일러주지 않는다.**

---

* 『논어』「학이」

** 『논어』「술이」

스스로 알려고 끙끙거리고 애태울 때 모르는 부분을 짚어주면 금방 깨우칠 수 있고 나머지를 헤아려 충분히 반증할 수 있으며, 결국 지식을 완전히 자신의 것으로 만들 수 있지요. 이렇게 공부를 해야 제대로 알 수 있습니다. 하지만 치열하게 경쟁해야 하는 오늘날에는 어떤 문제든 속도를 내 빨리 해결해야 하기에 이 과정이 빠져 있지요.

부모와 교사가 함께 달려주고 부모의 능력으로 남들보다 앞서는 아이들을 보면 부러우면서도 한편으론 안타깝습니다. 부모가 만들어놓은 지름길로 갈 때는 빠르고 쉽지만 언제까지 그 길이 놓여 있을까요? 아이들이 스스로 질문하고 스스로 할 수 있도록 바탕을 만들어주는 것이 우리가 해야 할 일입니다. 스스로 해결하도록 진득하게 기다려주고 흥미를 가지도록 하는 것, 아이가 진정한 공부로 가게 하는 길이죠. 스스로 길을 만들어나갈 때 아이의 길이 열리고 부모도 행복하다는 것을 잊지 말아야 합니다. 앞으로 우리 교육이 풀어야 할 숙제입니다.

자신의 꽃길을 만들 때

:

걱정과 근심은 삶으로 이끌고, 안락은 죽음으로 이끈다

生於憂患 而死於安樂也 생어우환 이사어안락야

오랫동안 지능지수는 아이들을 평가하는 절대적인 기준이었습니다. 그러다 감성지수EQ; Emotional Quotient가 부각되면서 그림이나 음악 등 예술교육이 강조되었고, 그다음 언제부턴가 역경을 이기는 능력인 역경지수AQ; Adversity Quotient가 주목받기 시작했습니다.

역경지수는 미국의 커뮤니케이션 이론가 폴 스톨츠Paul Stoltz가 1997년에 제기한 이론이죠. 그는 등산을 하며 난관에 부닥쳤을 때 포기하고 내려오는 사람, 적당한 곳에 캠프를 치고 안주하는 사람, 위기를 극복하면서 나가는 사람을 예로 들면서 역경지수를 인간능력을 헤아리는 기준으로 삼아야 한다고 보았습니다. 특히 역경을 뚫고 목표를 향해 나아가는 사람은 자신뿐 아니라 조직까지 위기에서 구한다고 보았습니다.

변화가 일상인 오늘날, 변화를 감지하는 능력만큼 변화가 동반하는 위기를 극복할 수 있는 지혜와 능력이 중요합니다. 역경극복 능력은 위기를 극복해 사람을 단단하게 만들어주죠. 하지만 오늘날 많은 부모들은 되도록 자식들이 고생하지 않도록 꽃길을 만들어주려고 합니다. 아이가 할 일을 최소화해 부모가 대신 나서서 해주기도 하고, 아이가 겪을 어려움을 미리 제거해주기도 하지요. 자녀는 이미 완성된, 그야말로 꽃길만 걸으면 됩니다. 한데 위기와 어려움은 언제 어디서 나타날지 모르는데, 과연 보호 속에서 자란 아이가 그것을 헤쳐나갈 수 있을까요? 맹자의 말을 들어봅시다.

> 걱정과 근심은 삶으로 이끌고, 안락은 죽음으로 이끈다.*

즉 걱정과 근심 등의 위기가 오히려 우리를 살린다는 말입니다. 우리는 위기를 만나면 온갖 지혜를 짜내고 극복하려고 노력합니다. 이를 통해 더 지혜로워지고 문제를 해결하며 한층 성장하게 됩니다. 이에 반해 안락 속에서는 노력하지 않아도 되기에 게을러

* 『맹자』「고자 하」

지고 나태하게 되죠. 한비자는 "겨울에 얼음이 단단하게 얼지 않으면 봄여름에 초목이 무성하지 않다."*라고 합니다. 겨울의 단단한 추위를 뚫고 나서야 비로소 초목은 힘 있게 자라고 무성해지죠. 이처럼 역경 극복은 삶의 의지이자 힘이 됩니다. 아이가 거친 길도 걸어 스스로 자신의 꽃길을 만들도록 하는 것, 그것이 자녀에 대한 깊은 사랑일 것입니다.

* 『한비자』「해로」

내 나이가 어때서

:

꽃은 피었으나 열매를 맺지 못하는 경우도 있다

秀而不實者 有矣夫 수이불실자 유의부

얼마 전 TV에서 노래하며 춤을 추는 대여섯 살쯤의 아이를 보았습니다. 리모컨을 멈춘 건 아이가 부르는 노래 때문이었죠. 아이는 가요 〈내 나이가 어때서〉를 열창하고 있었습니다. "야야야, 내 나이가 어때서. 사랑하기 딱 좋은 나인데…"로 시작되는 이 노래는 연로하신 분들의 애창곡인데, 유치원생이 부르다니!

사실 '사랑하기 딱 좋은 나이'는 정해져 있지 않죠. 사랑은 젊은이들의 전유물이 아니니까요. 사랑도 젊을 때 해야 한다는 편견을 지녔다면 나이에 집착할 것이고, 사랑이 나이와 무슨 상관있냐고 생각한다면 나이라는 한계를 유연하게 받아들일 것입니다.

하지만 많은 사람들이 20대에는 공부와 취업을, 30대에는 안정된 가정을, 인생의 허리인 40대에는 사회적 지위 등 각자 자신의 나이대에 따라 사는 게 순리라고 생각하지요. 그런데 시대와 사람에 따라 삶을 대하는 방식과 태도는 제각기 다른데 일반화할 수 있을까요?

> 싹은 났으나 꽃이 피지 못하는 경우도 있고, 꽃은 피었으나 열매를 맺지 못하는 경우도 있다.*

공자는 사람마다 때가 다르다고 말합니다. 아이들도 기고 걷고 말하는 것이 느린 아이가 있는가 하면 빠른 아이도 있죠. 또 봄이 되면 수많은 나무가 새순을 틔우고, 논과 밭에 뿌린 씨앗이 싹을 틔우지만, 같은 시기에 똑같이 트지는 않지요. 꽃도 마찬가지입니다. 같은 땅, 같은 여건이어도 빠르거나 느린 정도는 제각기 다릅니다. 봄에 피는 것이 있고 가을에 피는 것이 있습니다. 자연도 이와 같은데, 사람에게 같은 기준을 들이대며 강요한다면 알게 모르게 폭력을 행하는 것이지요.

그런 의미에서 〈내 나이가 어때서〉는 우리의 편견을 깨줍니다. 나이가 어려도 나이가 들어도 마음이 열려 있다면, 어디 사랑뿐인

* 『논어』「자한」

가요? 그 무엇도 할 수 있지요. 지난 2019년 5월 WBC 피트니스 오픈 월드 챔피언십에서 2위를 한 임종소 씨는 44년생으로 당시 75세였습니다. 탄탄한 근육의 건강한 모습은 너무나 아름다웠고 당당했으며 감탄과 부러움을 자아냈습니다. 만일 '이 나이에 어떻게…'라며 나이에 얽매였다면 절대로 할 수 없었겠죠. 지금의 아름다움은 나이와 편견에 갇히지 않았기에 가능했습니다. 척추관 협착증을 앓던 그녀였지만 운동을 통해 건강하고 아름다운 몸을 얻고, 건강한 정신이라는 선한 영향력까지 사람들에게 전할 수 있었죠. 우리를 가두는 편견을 깨는 것, 그것이 자신의 삶과 정신을 건강하고 멋지게 만드는 묘약입니다. 나이는 숫자에 불과합니다.

미안하다는 말 대신

자신이 도를 행하지 않으면 처자에게도 도가 행해지지 않는다

身不行道 不行於妻子 신불행도 불행어처자

지난 2014년에 실시된 서울시 교육감 선거를 기억하시나요? 당시 1위 후보는 경쟁자가 없을 만큼 지지자들이 많았고 인기도 많았습니다. 우리나라 3대 고시인 행정고시, 외무고시, 사법고시를 모두 합격할 정도로 뛰어난 데다 선한 인상에 부드러운 언변을 지닌 덕망과 학식을 갖춘 인재였습니다. 이 때문에 대중적 인기도 매우 높았죠. 특히 청소년 관련 활동을 하고 있었기에 그가 교육감 선거에 나왔을 때 기대가 컸습니다.

하지만 예상치 못한 복병이 나타났습니다. 바로 자녀였죠. 어릴 때 아버지와 헤어지고 외국에서 살고 있던 그녀는 아버지와 관

련된 글을 자신의 SNS에 올렸습니다. 아버지는 이혼한 뒤 자식에게 신경을 쓰지 않았다는 내용이었죠. 그가 지금까지 쌓아 올렸던 이미지는 한순간에 무너졌습니다. 자식도 돌보지 못한 사람이 어떻게 서울시의 교육을 담당할 수 있냐는 것이죠. 위기에 봉착한 후보는 딸에게 미안하다고 공개 사과를 했지만 이미 사람들의 마음은 돌아선 뒤였습니다. 이 장면은 수많은 패러디를 남겼고, 그는 실패의 쓴잔을 맛보아야 했습니다.

부부는 이혼하면 남이 됩니다. 하지만 자식은 그렇지 않죠. 부부가 헤어졌다고 해서 자식을 돌보지 않는다면 부모의 책임을 다했다고 할 수 있을까요? 또 자식이 받는 상처는 무엇으로 보상받을 수 있을까요? 자식도 돌보지 않았는데 청소년 교육에 진정성이 느껴질까요? 맹자는 말합니다.

> 자신이 도道를 행하지 않으면 처자에게도 도가 행해지지 않고, 사람을 부리되 도로써 하지 않으면 처자에게도 부림이 행해질 수 없다.*

길을 의미하는 도는 하늘로부터 부여받은 올바름을 따르는 삶입니다. 아무리 아름답게 포장하더라도 올바르지 않다면 남에게

* 『맹자』「진심 하」

보이기 위한 삶일 뿐이죠. 그가 청소년을 위한 사업에 임하기 전에 먼저 자녀의 마음을 헤아려 어루만져주었더라면, 아마도 자녀가 나서서 아버지를 도왔을 것입니다. 그 후보는 나중에라도 자식에게 미안하다고 고백했지만 부모라면 적어도 자식에게 미안한 일은 하지 않아야 하죠. 맹자의 말처럼 도를 행할 때, 부모와 자식의 관계가 바르게 설 때 비로소 자신의 일을 당당히 할 수 있다는 것. 여러 면에서 뛰어난 그가 진작에 알았더라면 얼마나 좋았을까요?

화목만 한 축복이 있을까요?

지리적 이로움도 사람들의 화목함만 못하다

地利不如人和 지리불여인화

전원주택에 살고 싶다고 노래를 부르던 친구가 지방에 예쁜 집을 지었습니다. 복잡한 서울을 벗어난 안정된 삶과 바쁘게 살지 않아도 되는 여유, 미세먼지 걱정이 없는 환경이 부러웠지요. 서울을 떠나지 못한 우리는 언제든 놀러 갈 수 있는 별장이 생겼다면서 친구 못지않게 좋아했습니다. 뜸을 들이다 가본 친구의 집은 말 그대로 그림이었습니다. 뒤로는 넉넉한 산이 집을 품었고, 앞으로는 깊지도 얕지도 않은 물이 흘렀으며, 툭 터진 시야 앞에는 나지막한 산이 겹겹이 펼쳐져 절로 탄성이 났습니다. 동남향으로 집을 지어 저녁 무렵에는 앞마당 깊이까지 햇살이 머물렀지요.

해의 움직임에 따라 움직여도 좋을 만큼 넉넉했던 빛이 사라지면, 초저녁 무렵 동쪽에서 낮게 떠오른 달이 나지막한 산을 따라 흐르다 높아지다가 이내 구름을 따르면서 지나갔습니다.

한데 친구는 사실 그동안 마음고생이 심했다고 하더군요. 풍광 좋고 공기 맑고 멋진 곳에서 마음고생을 했다니 처음에는 이해되지 않았습니다. 통화할 때 하지 않던 이야기를 펼쳐놓으며 환경이 좋더라도 이웃이 좋아야 진짜 살기 좋은 것이라고 말했습니다. 다들 같은 마음으로 도시를 떠나왔기에 잘 어울릴 것 같았는데, 현실은 그렇지 않았다는 것이었어요. 모두 제각각이라 마음 맞추는 것이 쉽지 않았다며, 이제는 좀 나아졌지만 처음에는 다시 서울로 가고 싶은 마음뿐이었다고 하더라고요. 서울은 어차피 이웃에 누가 사는지 모르고 마주칠 일이 없어 불편함도 없었는데, 이곳은 의논해야 할 일이 많다 보니 알게 모르게 힘겨루기가 생겨 힘들었다는 것이었어요. 성격이 좋아 어디서나 잘 어울리는 친구였는데 마음고생이 심했던 것 같았습니다. 환경과 땅이 좋아도 사람들이 가장 중요하다는 친구의 말에 맹자의 말이 떠올랐지요.

> 때가 좋다 할지라도 지리적 이로움만 못하고, 지리적으로 이롭다 해도 사람들의 화목만 못하다.*

* 『맹자』「공손추 하」

어디서나 가장 중요한 것은 내 곁에 있거나 가까이 있는 사람들과의 화목과 조화입니다. 멋진 자연과 함께하더라도 이웃과 마음이 맞지 않아 소소한 것으로도 자주 충돌한다면 얼마나 힘들까요? 이웃과 작은 것도 나누며 어려움도 함께 헤쳐나갈 때 비로소 오랫동안 그리던 전원에서의 생활이 펼쳐질 수 있죠. 아무리 경치 좋고 공기 좋아도 문밖을 나서면서 만나는 이웃과 불화가 있다면 그곳은 바늘방석입니다. 물론 친구도 먼저 손 내밀어야 한다는 답을 알고 있었습니다. 답을 알면 빨리할 것, 친구의 집을 나서는 우리의 당부였습니다.

사랑한다면 바르게

사랑한다면 수고롭게 하지 않을 수 있겠는가?

愛之 能勿勞乎 애지 능물로호

'아가페agape' '에로스eros' '필리아philia' '스토르게storge' 헬라어로 사랑을 의미하는 단어입니다. 이성 간의 사랑인 에로스, 우애를 의미하는 필리아, 부모와 자식 간의 사랑인 스토르게와 달리 아가페는 절대적인 사랑을 의미합니다. 이 때문에 인류에 대한 신神의 사랑을 말할 때 쓰죠. 절대적이어서 일방적으로 주기만 하고, 자비롭고 무한해 오로지 사랑의 대상이 잘되기만을 기도하기 때문입니다. 부모 역시 자식에 대해서는 절대적입니다. 몸을 주었을 뿐 아니라 자라는 내내 무엇이든 아낌없이 주고 또 주어도 모자라다고 생각합니다.

그런데 이러한 일방적인 사랑이 때로는 자녀의 일탈을 방조하기도 하죠. 자녀의 잘못된 행동에 "우리 아이는 착한 아이" "절대로 그런 아이가 아니다."라는 말로 감싸는 부모도 있지요. 화성 연쇄 살인의 용의자로 지목된 이춘재의 부모 역시 그랬습니다. 30년 만에 밝혀진 진실 앞에서 어머니는 "우리 애가 착해서 그런 일은 있을 수 없다."라고 했죠. 이미 처제를 살해하고 복역 중인데, '우리 착한 애'라뇨?

『대학』 전8장에서는 "자기 자식의 잘못을 모르고, 자기 곡식의 싹이 큼을 모른다."라고 해, 자식에게 눈이 가려진 부모에 대해 말하고 있습니다. 이들은 자식의 잘못된 행동을 어려서 그러니 크면 괜찮아진다고 합리화하며 넘어가죠. 이처럼 자신의 혈육에 대해 바르게 보고 판단하기는 어렵습니다. 이에 대해 공자는 이렇게 말합니다.

> 사랑한다면 수고롭게 하지 않을 수 있겠는가? 진심이라면 깨우쳐주지 않을 수 있겠는가?*

진심으로 사랑한다면 상대방이 바르게 크도록 도와야 합니다. 잘못에 대해서는 단호하게 하는 것, 이것이 진정한 사랑 아닐까

* 『논어』「헌문」

요? 무조건적인 보호와 옹호는 눈먼 애정일 뿐 사랑이라 할 수 없습니다. 진정으로 사랑한다면, 자식이 잘 되기를 바란다면, 어디서 무엇을 하든 바르게 행동해 폐를 끼치거나 욕먹지 않도록 해야 하지요. 수고롭게 한다는 것은 바른 사람을 이루는 과정입니다. 또 진심으로 깨우쳐주어야 같은 잘못을 다시 저지르지 않지요. 그것이 진정한 사랑입니다. "걔는 착해서 그럴 리 없다."라는 말은 믿음이 아닌 무책임한 말입니다. 책임 있는 어른은 자식이 바르게 성장하도록 수고롭게 하고 깨우쳐주어서, 진실되고 믿음직한 사람이 되게 해야 합니다. 그것이 사랑입니다.

만 번의 발차기

지극한 성실함은 쉼이 없다

至誠無息 지성무식

노란 운동복에 쌍절곤을 휘두르던 배우 이소룡李小龍을 아시나요? 그가 세상을 떠난 지 벌써 50년 가까이 되었네요. 만 32세에 요절한 그는 70년대 홍콩 무술영화의 아이콘이었죠. 당시 홍콩영화는 오늘날의 한류처럼 전 세계에서 엄청난 인기를 끌었는데요. 그 중심에 이소룡이 있었습니다. 많은 아이들이 그를 따라 노란 운동복에 쌍절곤을 휘두르며 "아비요!"를 외치고 몸을 날리다 다치기도 했었죠. 지금까지도 그의 옷과 액션은 다양한 곳에서 패러디되고 있습니다.

그는 철학과 출신답게, 또 독서가답게 무술에 관한 명언도 남겼습니다. "나는 만 가지 발차기를 하는 사람은 두렵지 않지만 한 가지 발차기를 만 번 연습한 사람이라면 두렵다." 누군가는 세상 모르는 젊은이의 허세라며 무시하고 비웃지만, 그 시대에 그 나이에 세계인들에게 홍콩 무술을 각인시킨 것만으로도 대단하지 않은가요? 여러 무술을 배우며 곧잘 싫증을 내곤 하던 그는 성장한 후에도 복싱, 유도, 태권도, 가라테 등 다양한 무술을 배웠다고 합니다. 운동을 통해 날렵한 몸을 만들고 다양하고 독창적이며 강렬한 자신만의 무술을 선보일 수 있었기에 할 수 있는 말이죠.

많은 사람들이 자신의 적성을 찾는다는 이유로 이것저것 건드리는 경우가 많습니다. 그러다 보니 한번 해보다가 막히면 돌아서고, 싫증 나면 그만두며, 어려우면 포기해, 해봤던 것은 많은데 제대로 하는 것은 드물죠. 그랬음에도 본인은 열심히 했는데 세상이 알아주지 않는다고 사회와 세상을 탓하기도 합니다. 하지만 한 가지에 집중해 오로지했던 사람은 어려움을 이겨내고 슬럼프도 견뎌내며, 알아주는 이 없어도 포기하지 않고 성실히 노력했기에 한계라는 벽을 뛰어넘은 사람들입니다. 따라서 그 부분에서 완벽하고 탁월할 뿐 아니라 그와 관련된 다른 것까지도 잘하고 전혀 다른 분야와도 융합해 새로운 것을 창출할 수 있죠.

지극한 성실함은 쉼이 없다.

『중용』 26장은 이 문장으로 시작합니다. 쉼 없이 성실하면 오래가고 효과가 있으며 멀리까지 영향을 미쳐서 넓고 두터워지며 높고 밝아진다는 것이죠. 이것이 성실의 힘입니다. 이처럼 노력하는 사람을 과연 누가 이길 수 있을까요? 이소룡이 만 번의 발차기를 두려워한 이유죠. 최고는 이렇게 탄생합니다.

주인으로 살아가는 길

한계에 부닥치면 변하고 변하면 통하며 통하면 오래간다

窮則變 變則通 通則久 궁즉변 변즉통 통즉구

세계화의 전도사인 칼럼니스트 토마스 프리드먼Thomas Friedman은 현대를 '가속의 시대'라고 명명했습니다. 현대는 기술과 환경뿐 아니라 모든 것이 빠르게 변하는 시대이기 때문에 결코 도망칠 수 없으니, 변화를 일으키는 태풍으로부터 에너지를 끌어내면서 안정된 피난처를 만들어야 한다고 하죠.

변화의 속도가 그 어느 때보다 빠른 현대는 10년이면 강산도 변한다는 말이 무색합니다. 반년만 지나도 낯설어지는 곳이 있는가 하면, 옛 모습을 기억하기 어려운 곳도 있지요. 뿐만 아니라 같은 곳에서 같은 것을 보면서도 사람마다 느끼는 온도가 다를 정도로 변화를 받아들이는 정도도 저마다 다릅니다. 누군가에겐 점점 편하고 살기 좋은 세상이지만 그 속도를 따르지 못해 뒤처지는 사람들에겐 너무나 힘든 세상이지요.

특히 2020년 전 세계를 강타한 코로나19는 지구의 질서까지 바꾸고 있습니다. 너무나 익숙해 당연한 것으로 알던 일상과 삶, 관계와 질서마저 바꾸었고 가족, 직장, 학교뿐 아니라 여가와 여유에 대해서도 생각과 행동을 바꾸고 있죠. 마스크는 외출 시 반드시 필요한 장비가 되었고, 손 씻기는 생활이 되었으며, 거리 두기는 서로를 보호하는 장치가 되었습니다. 짧은 시간이지만 우리는 만남보다 전화나 SNS, 인터넷으로 해결해야 하는 세상에 적응하고 익숙해지고 있습니다.

동양의 오래된 경전이며 마음을 닦는 책인 『주역』에서는 세상의 이치를 '변화'로 보았습니다. 모든 존재는 변화한다는 변역變易, 변화한다는 사실만큼은 변하지 않는다는 불역不易, 변화의 원리는 간단하고 쉽다는 간이簡易가 그것이지요. 사람 역시 변화의 흐름 속에서 함께 변하지만 평상시에는 관성에 의해 삽니다. 그러다 급작스럽게 닥치는 큰 사건을 만나면 처음에는 허둥대고 두려워하며 거부하다가, 점차 익숙해지면 늘 그랬듯 살아갑니다.

한계에 부닥치면 변하고 변하면 통하며 통하면 오래간다.*

코로나19가 바꾸어놓은 일상 역시 언제 그랬냐는 듯 익숙하게 될 것입니다. 그러다 어느 순간 또 다른 일이 밀려오면 허둥대는 일상을 반복하겠죠. 익숙해지면 또 다른 변화를 만나야 하는 일상 속에서 과연 우리는 어떻게 해야 할까요? 세계적인 학자인 유발 하라리Yuval Harari는 투명한 정보공개와 시민의식 강화를 통해 세계가 협조하고 연대를 이룰 때 계속 이어질 위기를 해결할 수 있다고 말합니다.** 이 모든 것은 수신修身으로 귀결되지요. 먼저 자신을 닦아서 바르게 할 때 함께 더불어 사는 세상을 만들 수 있습니다. 이것이 빠르게 변하는 세상에서 주인으로 살아가는 길이 될 것입니다.

* 『주역』「계사전 하」

** 『동아일보』「코로나 위기, 한국이 성공사례…글로벌 연대 필요」, 2020년 3월 21일

인생
문장

인생 문장

초판 1쇄 발행 2020년 7월 14일

지은이 | 권경자
펴낸곳 | 원앤원북스
펴낸이 | 오운영
경영총괄 | 박종명
편집 | 강혜지 최윤정 김효주 이광민 이한나
디자인 | 윤지예
마케팅 | 송만석 문준영
등록번호 | 제2018-000146호(2018년 1월 23일)
주소 | 04091 서울시 마포구 토정로 222 한국출판콘텐츠센터 319호(신수동)
전화 | (02)719-7735 팩스 | (02)719-7736
이메일 | onobooks2018@naver.com 블로그 | blog.naver.com/onobooks2018
값 | 16,000원
ISBN 979-11-7043-107-7 03190

* 원앤원북스는 독자 여러분의 소중한 아이디어와 원고 투고를 기다리고 있습니다. 원고가 있으신 분은 onobooks2018@naver.com으로 간단한 기획의도와 개요, 연락처를 보내주세요.

이 도서의 국립중앙도서관 출판예정도서목록(CIP)은 서지정보유통지원시스템 홈페이지(http://seoji.nl.go.kr)와 국가자료종합목록 구축시스템(http://kolis-net.nl.go.kr)에서 이용하실 수 있습니다.(CIP제어번호 : CIP2020025537)